Wandern mit KINDERN

Renate u. Thomas Deininger

WALDVIERTEL
WACHAU

Leopold Stocker Verlag
Graz – Stuttgart

Umschlaggestaltung: Atelier Geyer, Judendorf-Straßengel
Alle Fotos stammen von Renate und Thomas Deininger, außer den Fotos auf Seite 85 (Christiane Klinger). Sämtliche Skizzen wurden von Thomas Deininger angefertigt.

Titelfoto: Franzosenstein bei Traunstein (Tour 27)

Renate Deininger, geb. 1963, ist Volksschullehrerin und begeisterte Bergsteigerin. Sie hat die Liebe zu den Bergen schon in ihrer Kindheit entdeckt und seither zahlreiche Bergtouren in den Ost- und Westalpen unternommen. Sie lebt mit ihrem Mann und ihren drei Kindern in Wien.

Dipl.-Ing. Thomas Deininger, geb. 1964, ist Nachrichtentechniker, Lehrer an einer Höheren Technischen Lehranstalt und Mitglied der Österreichischen Bergrettung. Als leidenschaftlichre Bergsteiger und Schitourengeher kennt er die Alpen im Sommer und im Winter.

Die Deutsche Bibliothek – CIP-Einheitsaufnahme

Deininger, Renate:
Waldviertel, Wachau / Renate u. Thomas Deininger. – Graz ; Stuttgart : Stocker, 1996
ISBN 3-7020-0741-5
NE: Deininger, Thomas:

ISBN 3-7020-0741-5

Printed in Austria
Gesamtherstellung: M. Theiss, 9400 Wolfsberg

INHALT

VORWORT

Burgen, Teiche, Bäche, geheimnisvolle Wälder und die typischen „Wackelsteine“ – all das finden wir, wenn wir das Waldviertel erwandern. Dies gefällt nicht nur uns Erwachsenen – Kindern bereiten solche Attraktionen ein ganz besonderes Vergnügen. Wandern im Waldviertel, das heißt vor allem abseits der großen Urlaubsströme eine einzigartige Landschaft zu entdecken.
Für dieses Buch haben wir abwechslungsreiche und für Kinder und Erwachsene gleichermaßen interessante Wanderungen ausgesucht, die zum überwiegenden Teil auf gut bezeichneten und gut erhaltenen Wegen verlaufen. Die Touren sind bewußt kurz, um den Kindern genügend Zeit zum Spielen und Entdecken zu geben. Getestet auf ihre Kindertauglichkeit wurden sie von unseren drei Kindern.
Das beschriebene Gebiet umfaßt das Waldviertel und die Wachau, wobei die eine oder andere Tour bereits knapp außerhalb dieser Regionen liegt. Wir bemühten uns, bei den ausgewählten Wanderungen der Vielfalt dieser Kulturlandschaft Rechnung zu tragen. So sind Teiche und Burgen, Klettersteige und Hochmoore, Lehrpfade, „Wackelsteine“, Erlebnisparks und vieles mehr in diesem Wanderführer beschrieben.
Freilich konnten nicht alle Besonderheiten und Sehenswürdigkeiten des Waldviertels berücksichtigt werden, doch wird auf viele davon im Text hingewiesen, so daß man diese im Anschluß an die Wanderung oder im Laufe eines Ferienaufenthaltes ebenfalls besuchen kann.
Das Waldviertel und die Wachau bieten sowohl für Erwachsene als auch für Kinder so viele Sehenswürdigkeiten und Erlebnisse, daß es allen Freude bereiten sollte, diese Landschaften kennenzulernen.

Wien, 1996 *Renate und Thomas Deininger*

Ein herzliches Danke an

unsere Kinder Martin, Eva und Peter, die fast ohne Protest diese Touren mit uns erwanderten,
Herrn Dr. Johann und Frau Dr. Roswitha Wruß, die viele gute Ideen zu diesem Führer beitrugen,
Fritzi und Karl Lukan,
Herrn Mag. Herbert Reitmann vom ÖAR-Regionalberatung Waldviertel,
Herrn Mag. Harald Steininger,
Familie Klinger in Zwettl
sowie Herrn Dipl.-Ing. Sepp Arnberger.

1. GRUNDSÄTZLICHES ZUM WANDERN MIT KINDERN

Sehen Sie die Wanderung mit den Augen eines Kindes!

Überlegen Sie doch einmal, welche Dinge Sie als Kind interessierten. Sicherlich wollten Sie nicht möglichst lange Wegstrecken zurücklegen, nur um Ihre Kondition zu verbessern, oder wandern, um die frische Luft und die schöne Natur zu genießen. Es waren vielmehr die Kleinigkeiten am Weg, die Ihr Interesse weckten. Eine kleine Schnecke, eine sonderbare Blume oder ein Felsen, den man von allen Seiten erklettern konnte. Das sind aber genau die Dinge, die auch heute noch für Kinder den Reiz einer Wanderung ausmachen. Achtet man bei der Auswahl der Unternehmungen darauf, daß diese „Kleinigkeiten“ nicht zu kurz kommen, so werden die Wanderungen allen Spaß machen: den Kindern, weil ihre Neugierde immer wieder aufs neue geweckt wird, und Ihnen, weil Sie nicht ständig maulende und raunzende Kinder zum Weitergehen überreden müssen.

Kinder lieben die Abwechslung

Hüten Sie sich vor faden, eintönigen Forststraßen! Kein Kind hat Spaß daran, auf breiten, ausgetretenen Wegen ohne Abwechslung dahinzuwandern, nur weil Erwachsene oft meinen, ein Weg, der keine Schwierigkeiten bietet, sei der ideale für Kinder. Schmale, ja sogar steile Wege, holprige Steige motivieren Kinder viel stärker zum Weitergehen.
Kinder verlieren bei gleichbleibenden Wegstrecken schnell das Interesse. So führt ein „kindgerechter“ Weg z.B. ein Stück durch den Wald, wechselt dann bald auf eine freie Wiesenfläche, überquert auf einer Brücke einen Bach und leitet vielleicht sogar noch auf einem felsdurchsetzten Steig zu einem Gipfel mit großem Gipfelkreuz. Es ist hier die Verschiedenartigkeit, die Kindern Spaß macht, Langeweile kann so gar nicht aufkommen.

Kinder klettern gern

Kaum macht ein Kind seine ersten Gehversuche, bemüht es sich auch schon, alle Hindernisse seiner Umgebung zu erklettern. Diese Art des Bewegungsdranges, der zu Hause für Erwachsene oft nervenaufreibend ist, kann in der freien Natur so richtig ausgelebt werden. Hier gibt es genügend Möglichkeiten:

- Baumstämme
- Bäume
- Aussichtswarten
- Leitern
- kleine Felsblöcke
- Klettersteige

Ein Weg, bei dem man ab und zu die Hände zu Hilfe nehmen muß, ist für alle Kinder ein Erlebnis.

Kinder lieben das Geheimnisvolle

Besonders kleinere Kinder stellen sich hinter jedem Baum ein Waldzwergerl und hinter jeder Burgmauer eine Ritterrunde vor. Sagen und Märchen üben eine große Faszination auf sie aus. Erzählt man ihnen eine interessante Geschichte, die sich auf die jeweilige Wanderung bezieht, so bereitet ihnen das Weitergehen gleich viel mehr Freude. Durch die geweckte Neugierde wollen auch sie jene Orte erreichen, an denen sich diese Erzählungen zugetragen haben.

Auch Klammen, Schluchten und Höhlen sind geheimnisvoll und regen die Phantasie der Kinder an.

Kinder wollen spielen

Kinder brauchen die Möglichkeit, sich auszutoben und zu spielen. Während der Wanderung sollte ihnen genügend Zeit und Freiraum dafür zur Verfügung gestellt werden. Gelegenheit dazu bietet sich fast überall: auf einer großen Wiese, an einem Bach, im Wald, bei Felsblöcken. Einen kleinen Ball sollte man daher immer im Rucksack mithaben. Müde und gelangweilte Kinder werden durch Ballspielen rasch wieder munter.

Kinder brauchen Zeit für ihre Entdeckungen

Entlang von Wanderwegen gibt es eine Vielzahl von Steinen, Pflanzen und Tieren – und alles wollen die Kinder genau betrachten. Genügend Zeit muß dafür eingeplant werden. Auch wir Erwachsenen entdecken so wieder viele Kleinigkeiten, an denen wir sonst achtlos vorübergehen würden.
Grundsätzlich gilt bei Kindern das Motto: „Der Weg ist das Ziel." Kinder interessieren sich nicht für zurückgelegte Kilometer und Höhenmeter, sie wollen Abenteuer erleben und brauchen während der Wanderung viel Abwechslung und viel Freiraum für ihren Bewegungsdrang.

Ob eine Wanderung ein erfreuliches Erlebnis für die ganze Familie wird, hängt von der Planung, der Durchführung und der „Aufarbeitung" der Unternehmung ab. Wir haben daher hier einige Punkte aufgelistet, die zum Gelingen einer Tour beitragen können:

Vor der Tour

- Planen Sie nur Touren, denen Sie auch mit Kindern hundertprozentig gewachsen sind!
- Das Ziel am besten gemeinsam mit den Kindern auswählen.
- Das Interesse der Kinder durch Erzählungen, Photos wecken.
- Hinweise auf interessante Wegabschnitte (z. B. Leitern, Drahtseile), aber auch Höhenangaben (z. B. persönlicher Höhenrekord) steigern die Vorfreude.
- Weglänge und voraussichtliche Dauer der Wanderung den Kindern mitteilen.
- Keine Wanderung ohne entsprechende Karte; Wegverlauf schon zu Hause auf der Karte verfolgen. Länge, Dauer und Schwierigkeiten der Tour an Hand von Karten- und Führermaterial versuchen abzuschätzen.
- Man kann ohne weiteres schon kleineren Kindern den Wegverlauf auf der Karte zeigen, das weckt ihr Interesse und ihre Neugierde.
- Ausrüstung und Verpflegung müssen dem Tourenziel angepaßt sein (siehe Kapitel „Ausrüstung" und „Essen und Trinken").
- Ziel und Dauer der Wanderung nach den Fähigkeiten der Teilnehmer sowie nach dem Wetter und der zur Verfügung stehenden Zeit auswählen.(Spielpausen einplanen!)

Als Grundsatz gilt hier: Besser, eine kürzere Tour planen und genügend Zeit zum Spielen und Rasten haben, als sich ehrgeizig eine lange Wanderung vornehmen, während deren Verlauf man dann die Kinder ständig antreiben muß.

Während der Tour

- Je abwechslungsreicher ein Weg, desto interessanter ist er.
- Kinder nicht zum gleichmäßigen Gehen zwingen, denn Kindern macht es Spaß, öfters stehenzubleiben oder den Weg entlang zu hüpfen oder ein Stück voraus zu laufen.
- Kinder selbst den Weg finden zu lassen macht die Wanderung spannender und fördert Selbständigkeit und Selbstvertrauen.
- Geschichten erzählen wirkt Wunder: Die Müdigkeit ist schnell vergessen, sobald die Kinder durch eine spannende Geschichte (Märchen, Selbsterfundenes) abgelenkt werden.
- Spiele und Rätsel (z. B. Wer sieht die nächste rote Blume?...) helfen über langweilige Wegabschnitte hinweg.
- Mit kommenden Attraktionen, wie Spielplätzen, Gasthäusern, Aussichtswarten, Felsen, zum Weitergehen motivieren.
- Kinder an für sie interessanten Plätzen (Bächen, Wiesen,...) spielen lassen.
- Kinder auf Besonderheiten aufmerksam machen.
- Ängste der Kinder (z. B. in eine Höhle hineinzugehen, auf eine Leiter zu klettern, an Kühen vorbeizugehen...) ernst nehmen, darüber reden und versuchen, sie abzubauen. Hat das Kind trotzdem weiterhin Angst, so sollte man unbedingt Verständnis zeigen. Zwingen Sie es auf keinen Fall etwas zu tun, wovor es sich fürchtet.
- Genügend Pausen einlegen. Erwarten Sie aber nicht, daß die Kinder dabei ruhig sitzen bleiben, oft werden diese zum Herumtollen genützt. Achten Sie aber dennoch darauf, daß sich gerade bei längeren Wanderungen die Kinder ausrasten können, d.h., raten Sie von zu ermüdenden Spielen ab!
- Kinder sollen dann essen und trinken können, wenn sie danach verlangen, nicht erst bei der nächsten größeren Rast.
- Es macht allen Freude, Erinnerungsstücke an die Wanderung zu sammeln (z. B. Hüttenstempel, Schneckenhäuser, Steine,...).
- Ein Stock, selbst gefunden im Wald, eignet sich sehr gut zum Nachziehen, Abstützen, Blätter aufspießen u.a.m., wodurch das Gehen für Kinder lustiger wird.

- Bei unvorhergesehenen Situationen (z. B. Wetterverschlechterung, Verirren, starken Ermüdungserscheinungen) kein Risiko eingehen (siehe Kapitel „Richtiges Verhalten in den Bergen").
- Vertrauen in die Fähigkeiten der Kinder setzen, d.h., sie so frei wie möglich gehen und spielen lassen und sie nicht ständig ängstlich behüten und auf alle Hindernisse hinweisen. Ist Vorsicht wirklich geboten, die Gefahr sachlich erklären und entsprechend sorgfältig aufpassen.

Nach der Tour

- Tourenbuch anlegen: Jedes Kind freut sich, wenn es nachlesen und herzeigen kann, wo es schon gewesen ist, welche Berge es schon bezwungen hat.
- Herstellen eines Sammelheftes: Postkarten, Hüttenstempel, getrocknete Blumen, Photos u.a.m. können hier eingeklebt werden.
- Auf der Karte nochmals den zurückgelegten Weg verfolgen.
- Kinder noch einmal von den spannenden, aufregenden oder lustigen Erlebnissen erzählen lassen.
- Gemeinsames Anschauen der Photos oder Dias.

Umweltbewußtes Verhalten

- Anfahrten: nach Möglichkeit mit öffentlichen Verkehrsmitteln.
- Schutz von Pflanzen: Viele der wildwachsenden Blumen und Sträucher gehören zu den vollkommen geschützten Pflanzenarten und dürfen daher nicht gepflückt werden. Auch nichtgeschützte Blumen sollten nur in geringen Mengen gepflückt werden, da abgerissene Blumen sehr schnell verwelken, während sie auf der Wiese noch viele andere erfreuen können.
- Schutz von Tieren: Lärm in den Wäldern vermeiden, da dadurch die Tiere verschreckt werden. Daß das Leben aller Tiere (so auch von Schlangen, Spinnen, Ameisen,...) geschützt wird sowie ihre Bauten und Nester nicht zerstört werden dürfen, ist selbstverständlich.
- Keine Abfälle: Auf den Wanderungen absolut nichts wegwerfen!

2. AUSRÜSTUNG

Bekleidung

Zu beachten ist hier, daß Kindern oft ihr äußeres Erscheinungsbild, auch bei Familienunternehmungen, sehr wichtig ist. Modefarben und zeitgemäße Kleidung sind dabei sicherlich nicht verpönt, solange sie zweckmäßig sind. Auch bei Berücksichtigung der Wünsche der Kinder sollte die Bekleidung aber immer folgende wesentliche Kriterien erfüllen:

- Eignung für Wärme und Kälte; Schwitzen und Frieren wirken sich immer negativ aus.
- Auch bei Nässe soll die Kleidung noch wärmen.
- Die Bekleidung der Kinder und der Erwachsenen soll strapazierfähig und bequem sein. Man muß damit rechnen, daß gerade Kinder ihre Kleidung beim Herumtollen und Klettern sehr beanspruchen und verschmutzen.
- Besonders für kleinere Kinder sollte man immer Reservewäsche mitnehmen (frische Unterwäsche, Reservesocken, -hose, -hemd). Ein Plastiksack schützt sie im Rucksack vor Nässe.
- Regengewand sowie Haube und Handschuhe, diese besonders in den kühleren Jahreszeiten, gehören in den Rucksack (Regengewand eignet sich auch bei trockenem Wetter als Sitzunterlage).
- Schuhe: Es müssen nicht immer Bergschuhe sein, doch sollten sie bequem und wasserfest sein, eine rutschfeste Sohle aufweisen und über den Knöchel reichen.

Rucksack

Auch bei wenig Gepäck ist der Rucksack jeder Umhängetasche und ähnlichem überlegen. Er sollte so gefertigt sein, daß er nicht direkt am Rücken anliegt; die Länge der Rucksackträger sollte der Körpergröße angepaßt sein. Ein Hüftgurt hilft, das Gewicht von den Schultern auf die Hüften zu verlagern.

Kinder sind stolz, wenn sie ihren eigenen kleinen Rucksack tragen, sie können sich darin kleine Spielsachen, aber auch ihre eigene Trinkflasche mitnehmen. Auf keinen Fall sollte er zu schwer sein.

Kindertragen

Bei den Kindertragen sollten folgende Kriterien beachtet werden:
- Hüftgurt
- Kopfstütze für das Kind (seitliche Kopfstützen stabilisieren zusätzlich Kopf und Oberkörper des Kindes)
- Netzrücken
- Integrierter Rucksack
- Kind-Fixierung
- Auslegeständer (damit wird die Trage „selbststehend“)

Sonnenschutz

Sonnencreme, nicht nur bei Badeausflügen, sondern auch bei Wanderungen verwenden. Weiters Sonnenbrille (mit 100% UV-Schutz) und Sonnenhut nicht vergessen.

Apotheke

Eine Apotheke sollte man immer dabeihaben! Am wichtigsten sind hier:
- Pflaster in verschiedenen Größen
- Mulltupfer als Wundauflage
- Leukoplast
- Verbände
- elastische Binden
- Dreieckstuch
- als seelisches Trostpflaster: Traubenzuckerzuckerln oder ähnliches

Essen und Trinken

Kinder haben bei Wanderungen meist großen Hunger und noch größeren Durst. Hier einige Details für die Verpflegung:
- Saftiges schmeckt besser als Trockenes (z. B. Obst, Pudding,...).
- Vorlieben der Kinder beim Essen und Trinken berücksichtigen.
- Besser Kohlenhydrate als Fett, denn diese werden leichter und schneller verdaut.
- Süßigkeiten verstärken den Durst und sind daher nur in geringen Mengen zu empfehlen.

- Zum Trinken am besten Tee oder Fruchtsäfte in einer Trinkflasche mitnehmen.
- Kohlensäurehältige Getränke sind nicht empfehlenswert.
- Getränke in Wegwerfpackungen und Aludosen sind aus Umweltgründen abzulehnen.
- In einem Plastiksackerl kann man alle Abfälle wieder mitnehmen.

Kartenmaterial

Auf jede Wanderung, und sei sie noch so einfach und gut zu finden, sollte man die entsprechende Wanderkarte mitnehmen. Die für den jeweiligen Tourenvorschlag am besten geeigneten sind im Informationsblock am Beginn jeder Tour angegeben.

Sonstige Ausrüstungsgegenstände

- für Klettersteige: Seil, Brust-, Sitzgurt, Helm;
- für Höhlen: Taschenlampe, Stirnlampe;
- Badesachen, da sich viele der beschriebenen Wanderungen mit einem Teich- oder Seenbesuch verbinden lassen.

3. ZUM GEBRAUCH DES FÜHRERS

Zielgruppe dieses Führers sind einerseits Familien mit Kindern im Alter von 1 bis 10 Jahren, andererseits alle, die kurze, aber auch interessante Wanderungen im Waldviertel und in der Wachau unternehmen wollen.

Nach einem allgemeinen Informationsteil (Kap. 1 bis 5) sowie einer Auflistung der Tourenvorschläge nach verschiedenen Kriterien (z. B. Burgen, Klammen,...) folgen 50 Tourenvorschläge, die folgendermaßen aufgebaut sind:

Bereits in der **Überschrift** findet man Zeit- und Schwierigkeitsangabe.

Die *Zeitangabe* bezieht sich auf normales Erwachsenen-Gehtempo, wobei die Gehzeit mit Kindern je nach Alter und Übung davon abweichen wird. Jede Familie wird rasch herausfinden, in welchem Verhältnis ihre individuelle Gehzeit zu der angegebenen steht.

Wir haben für die *Schwierigkeitsbewertung* drei Symbole gewählt:

- (1 Symbol) bedeutet einfache Wanderung, der Weg bietet keinerlei Schwierigkeiten und kann auch schon von wenig trittsicheren Kindern begangen werden;
- (2 Symbole) bedeutet mäßig schwierige Wanderung, der Weg verlangt bereits Trittsicherheit, an manchen Stellen muß man die Hände zu Hilfe nehmen;
- (3 Symbole) bedeutet schwierige Wanderung, der Weg verlangt absolute Trittsicherheit und Schwindelfreiheit, versicherte Kletterstellen erfordern bereits ein wenig Kraft und Kletterfertigkeit, für Kinder und nicht trittsichere Personen sollte man unbedingt zum Sichern Brust- und Sitzgurt, sowie eine Reepschnur oder ein kurzes Seil verwenden.

Es folgt ein **Informationsblock;** er gibt eine Kurzcharakteristik der Wanderung:

Alter: Kinder ab diesem Alter sind unserer Meinung nach für die beschriebene Tour geeignet. Natürlich kann eine solche Angabe immer nur ein Richtwert sein, da Interesse, Ausdauer und Können von Kind zu Kind sehr unterschiedlich sind.

Weiters findet man Informationen über ⊙ Ausgangspunkt, Bahnverbindung, Busverbindung, ➜ Wegverlauf, Stützpunkt, ☺ Was allen Spaß macht und Karten.

Nach dem Informationsblock wird **Interessantes und Wissens-**

wertes über die Wanderung beschrieben. Dies ist auch dazu gedacht, die Kinder schon vor der Wanderung neugierig zu machen oder ihnen während der Unternehmung etwas davon zu erzählen.
Der **Wegverlauf** beschreibt die Wanderung im Detail.
Die **Skizze** gibt einen Überblick über den Wegverlauf und hilft, diesen auf der Karte zu finden, ist aber nicht als Ersatz für eine Wanderkarte gedacht.
Die **Besonderheiten in der Umgebung** geben Hinweise auf Sehenswertes oder Freizeitangebote in der Nähe der Wanderroute, die sich gut mit dieser verbinden lassen. Viele dieser Tips eignen sich auch als Schlechtwetterprogramm oder geben Anregungen für weitere Wanderungen in diesem Gebiet.
Zu den meisten Tourenvorschlägen finden sich im Führer **Fotos,** die dazu beitragen sollen, sich Art und Charakter der Tour vorzustellen.

4. ERKLÄRUNG DER ABKÜRZUNGEN UND ZEICHEN

ÖAV .... Österreichischer Alpenverein

	Alter der Kinder
⊙	Ausgangspunkt
	Bahnverbindung
	Busverbindung
→	Wegverlauf
	Stützpunkt
☺	Was allen Spaß macht
	Karten
!	Ausrüstung
▲	Gipfel
	Burg, Ruine
	Aussichtswarte
	Schloß
	Denkmal
	Kirche
	Kapelle
	Bildstock
	Höhle
	Sender
	Kraftwerk
P	Parkplatz

5. AUFLISTUNG DER TOUREN NACH VERSCHIEDENEN KRITERIEN

- **Große Wiesen**

Saurierpark Traismauer (Tour 1)
Jauerling (Tour 9)
Erlebnispark Hubhof (Tour 10)
Herzsteinrundweg (Tour 13)
Kogelsteine bei Eggenburg (Tour 20)
Pulkautal (Tour 21)
Wiegenstein (Tour 27)
Teufelskirche (Tour 29)
Naturpark Nordwald (Tour 31)
Nebelstein (Tour 34)
Blockheide (Tour 36)
Teichwanderung bei Hoheneich (Tour 37)
Herrensee bei Litschau (Tour 39)
Platz des Skorpions (Tour 41)
Stein-Rundwanderweg bei Kautzen (Tour 42)
Naturpark Dobersberg (Tour 43)
Einsiedlerfels (Tour 49)

- **Bäche und Teiche**

Saurierpark Traismauer (Tour 1)
Reisperbachtal (Tour 6)
Gudenushöhle (Tour 8)
Ysperklamm (Tour 12)
Herzsteinrundweg (Tour 13)
Stillensteinklamm (Tour 14)
Ruine Schimmelsprung (Tour 16)
Rosenburg (Tour 17)
Ödes Schloß (Tour 18)
Ruine Schauenstein (Tour 19)
Pulkautal (Tour 21)
Ottensteiner Stausee (Tour 22)
Schwarzalm (Tour 23)
Hoher Stein (Tour 24)
Burg Rappottenstein (Tour 25)
Lohnbachfall (Tour 26)
Weirerteich (Tour 28)

Stierhübelteich (Tour 32)
Tanner Moor (Tour 33)
Teichwanderung bei Hoheneich (Tour 37)
Herrensee bei Litschau (Tour 39)
Dachsengraben (Tour 40)
Stein-Rundwanderweg bei Kautzen (Tour 42)
Naturpark Dobersberg (Tour 43)
Thayawanderung bei Raabs (Tour 46)
Naturpark Geras (Tour 47)
Einsiedlerfels (Tour 49)
Ruine Kaya (Tour 50)

- **Burgen, Ruinen**

Ruine Aggstein (Tour 5)
Dürnstein (Tour 7)
Gudenushöhle (Tour 8)
Ruine Kronsegg (Tour 15)
Ruine Schimmelsprung (Tour 16)
Rosenburg (Tour 17)
Ödes Schloß (Tour 18)
Ruine Schauenstein (Tour 19)
Pulkautal (Tour 21)
Burg Rappottenstein (Tour 25)
Wüstung Hard (Tour 44)
Ruine Kollmitz (Tour 45)
Drosendorf (Tour 48)
Einsiedlerfels (Tour 49)
Ruine Kaya (Tour 50)

- **Aussichtswarten**

Saurierpark Traismauer (Tour 1)
Ferdinandswarte (Tour 3)
Dürnstein (Tour 7)
Jauerling (Tour 9)
Ruine Schimmelsprung (Tour 16)
Naturpark Nordwald (Tour 31)
Stierhübelteich (Tour 32)
Tanner Moor (Tour 33)
Blockheide (Tour 36)
Naturpark Hochmoor (Tour 38)

- **Möglichkeiten zum Klettern**

Hirschwand (Tour 4)
Ruine Aggstein (Tour 5)
Dürnstein (Tour 7)
Gudenushöhle (Tour 8)
Ostrong (Tour 11)
Herzsteinrundweg (Tour 13)
Ödes Schloß (Tour 18)
Kogelsteine bei Eggenburg (Tour 20)
Hoher Stein (Tour 24)
Wiegenstein (Tour 27)
Teufelskirche (Tour 29)
Naturpark Nordwald (Tour 31)
Tanner Moor (Tour 33)
Nebelstein (Tour 34)
Erlebnisweg Heinrichs (Tour 35)
Blockheide (Tour 36)
Dachsengraben (Tour 40)
Platz des Skorpions (Tour 41)
Stein-Rundwanderweg bei Kautzen (Tour 42)

6. DIE WACHAU UND DAS WALDVIERTEL

Die Wachau

Wachau wird der 30 km lange, stark gewundene Abschnitt der Donau zwischen Melk und Krems genannt. Geologisch gesehen bildet die Wachau ein enges Durchbruchstal durch das Böhmische Massiv des Waldviertels und den Dunkelsteiner Wald. Die Uferhänge der Wachau werden teils von Weinkulturen, teils von Wäldern bewachsen. Zu den höchsten Erhebungen zählen der Jauerling (961 m) und der Sandl (763 m) bei Dürnstein.
Die Wachau ist ein uraltes Siedlungsgebiet. Die berühmte „Venus von Willendorf" war eine Wachauerin; diese kleine Steinfigur wurde bereits vor ungefähr 25.000 Jahren hergestellt.
Zur Zeit des Römischen Reichs bildete diese Region die gut befestigte Nordgrenze. Seit jeher war sie eine wichtige Handelsstraße und ein Heeresdurchzugsweg, zahlreiche Burgen und Ruinen erinnern noch daran.
Heute ist die Wachau, besonders zur Weinlese, eine wichtige Fremdenverkehrsregion. Zu den bedeutendsten Sehenswürdigkeiten zählen das Benediktinerstift in Melk, das Schloß in Schönbühel-Aggsbach, die Ruine Aggstein und das Stift Göttweig. Am linken Donauufer beeindrucken der Ort und die Ruine Dürnstein sowie die Stadt Krems mit ihrer guterhaltenen Altstadt, ferner die vielen kleinen, lieblichen Ortschaften.

Das Waldviertel

Die geographische Lage des Waldviertels

Das Waldviertel wird auch das Viertel ober dem Manhartsberg genannt. Geologisch ist es ein Teil des Böhmischen Massivs, das im Westen vor allem aus Granit, im Osten aus Gneis und kristallinem Kalk (Marmorvorkommen) und im Raum Horn aus Löß gebildet wird.
Es umfaßt eine Fläche von 4600 km^2, der Name leitet sich von seinem Waldreichtum ab.
Zu den höchsten Erhebungen zählen der Tischberg (1063 m) bei Karlstift, der Große Peilstein (1061 m) und der Nebelstein (1017 m).

Durch das nordwestliche Waldviertel verläuft die europäische Wasserscheide zwischen Elbe und Donau. Die durch Gmünd fließende Lainsitz entwässert bereits zur Elbe und somit in die Nordsee.
Weitere wichtige Flüsse sind die Thaya, die Krems, die Ysper und der Kamp, der an mehreren Stellen aufgestaut wurde und zur Energieerzeugung genutzt wird. Die drei Kraftwerksstauseen Ottenstein, Dobra und Thurnberg und ihre Umgebung sind heute wichtige Fremdenverkehrszentren.

Die historische Entwicklung

Die frühesten Spuren von Menschen im Waldviertel führen bis in die Zeit der Jungsteinzeit zurück. So fand man im Bereich der Gudenushöhle im südlichen Waldviertel Klingen, Speerspitzen und bearbeitete Tierknochen. Ihr Alter wird auf 40.000–80.000 Jahre geschätzt. Zahlreiche Funde zeugen von einer Besiedlung in der Bronzezeit bis hin zur La-Tène-Kultur der Jüngeren Eisenzeit (450–15 v. Chr.). Um 15 v. Chr. wurde Niederösterreich südlich der Donau dem römischen Weltreich einverleibt; im nördlichen Raum hatten zwei germanische Stammesgruppen Bedeutung: die Quaden und die Markomannnen. Während der Völkerwanderung (4.–9.Jh.) wanderten u.a. die Langobarden, die Awaren und die Slawen in das Gebiet ein.
Im Jahre 976 wurde der Babenberger Leopold I. mit der Ostmark belehnt. Bis 1156 brachten die Babenberger die Gebiete des heutigen Waldviertels unter ihre Herrschaft. Die Kuenringer, ein mächtiges Landherrengeschlecht aus Trier, kamen um 1130 nach Österreich und übernahmen große Teile des nördlichen Niederösterreichs als Lehen. In dieser Zeit wurden auch bedeutende Klöster gegründet: Stift Zwettl wurde 1137 von Hadmar I. von Kuenring erbaut, Stift Altenburg 1144, Stift Geras 1153. Die Christianisierung der ansässigen Bevölkerung wurde nun massiv vorangetrieben.
Das Land wurde in der Folge in mehrere Grafschaften aufgeteilt. Zahlreiche Burgen und Ruinen erinnern heute noch an die vielen Herrschaftssitze.
Im Jahre 1297 fiel die Mark Silva an die Habsburger; das Waldviertel war von nun an eng mit den Geschicken der Habsburger verbunden.
Weitere wichtige Stationen in der Geschichte des Waldviertels sind:
Einsetzen der Reformation in der ersten Hälfte des 16. Jh. Bis zum

Tod des Kaisers Maximilian (1576) war Niederösterreich und somit auch das Waldviertel überwiegend protestantisch. Viele Adelige und Grundherren waren zu dieser Zeit bereits zum evangelischen Glauben übergetreten.
1580 begann die Gegenreformation in den niederösterreichischen Landgemeinden, die im Dreißigjährigen Krieg ihren Höhepunkt fand. 1659 hatte sich die Gegenreformation mit Gewalt endgültig auch im Waldviertel wieder durchgesetzt, katholische und habsburgtreue Adelsgeschlechter wurden mit großen Besitztümern betraut. So erhielten 1681 die Grafen Hoyos die Städte Horn und Rosenburg. Noch heute gehören weite Gebiete des Waldviertels dieser Familie.
Im 19. Jh. siedelten sich Webereien und Textilmanufakturen an, die zu einem bescheidenen wirtschaftlichen Aufschwung beitrugen.
Im 20. Jh. wurde das Waldviertel direkt von den Verträgen von Versailles (1919) betroffen. Ein Stadtteil von Gmünd wurde als Ceske Velenice an die damalige Tschechoslowakei abgetreten; Gmünd ist auch heute noch eine „geteilte" Stadt.
Im Jahre 1938 wurde das Gebiet um Döllersheim, zwischen Zwettl und Allentsteig, entsiedelt. 6800 Bewohner mußten ihre Dörfer verlassen, da auf diesem Gelände ein Truppenübungsplatz der deutschen Wehrmacht eingerichtet wurde. Seit 1957 wird das 157 km^2 große Gebiet vom österreichischen Bundesheer genutzt.

Das Waldviertel heute

Die Agrarwirtschaft ist im Waldviertel immer noch – trotz eines massiven Rückgangs im letzten Jahrzehnt – einer der wichtigsten Wirtschaftsbereiche. Im westlichen Waldviertel werden hauptsächlich Ackerbau, Forstwirtschaft, Viehwirtschaft und Fischzucht (man denke an die zahlreichen Fischteiche!) betrieben. Im östlichen Waldviertel überwiegt der Ackerbau. Die Vermarktung der landwirtschaftlichen Produkte erweist sich aber durch die insgesamt schlechte Erreichbarkeit des Waldviertels und durch die steigende Konkurrenz aus den östlichen Nachbarstaaten als sehr schwierig. Probleme wie Hofauflassungen, Betriebsschließungen landwirtschaftlicher Verarbeitungsbetriebe (Molkereien, Sägewerke, Schlachthöfe) und Abwanderung sind die Folge.
Die Industrie war im vorigen Jahrhundert hauptsächlich auf den nordwestlichen Teil des Waldviertels konzentriert. So siedelten sich im Raum Weitra, Waidhofen/Thaya und Groß-Siegharts große

Textilmanufakturen an („Bandlkramerlandl"). Viele dieser Betriebe mußten aber im Laufe der letzten Jahre geschlossen werden; mehrere Textilmuseen erinnern an die einstige Bedeutung dieses Wirtschaftszweiges. Im Raum Gmünd und Litschau gab es große Glasbläsereien, in Karlstift konnte sich eine angesehene Uhrenmanufaktur entwickeln. Heute zeugt noch die einzige Uhrmacherschule Österreichs von diesem Gewerbe.

Neben den traditionellen Betrieben der Textil- und Glasverarbeitung sind auch die Branchen der Elektrotechnik, Elektronik sowie der Holz- und Bauwirtschaft vertreten. Doch kämpfen auch diese Industrien mit erheblichen Schwierigkeiten aufgrund mangelnder Infrastruktur, fehlender Facharbeitskräfte und isolierter Standorte. Regionale EU-Förderprogramme sollen Anreize für Betriebsansiedlungen geben sowie eine Erweiterung des Handels und der Zusammenarbeit mit dem angrenzenden Tschechien und den anderen ehemaligen Ostblockstaaten erleichtern.

Verstärkte Beachtung soll aber auch die Weiterentwicklung des Fremdenverkehrs finden. So ist man bestrebt, das Waldviertel als „Ökoregion" darzustellen. Begriffe wie „Gesunde Umwelt" und „Sanfter Tourismus" sollen das Waldviertel für den streßgeplagten Großstädter zum Urlaubsziel werden lassen (so entstanden in den letzten Jahren mehrere „Gesundheitshotels" und Seminarzentren für gesundheitsbewußtes Leben). Raumplaner sehen in dieser „Leitidee" aber nicht nur für den Fremdenverkehr Impulse, sondern auch für die gesamtwirtschaftliche Entwicklung. Die Ansiedlung von umweltfreundlichen Betrieben und der Ausbau von Anlagen, die erneuerbare Energien nutzen (z. B. die Hackschnitzelanlage in Kautzen), fügen sich gut in diese zukunktsweisenden Konzepte ein.

Die „Wackelsteine"

Große gerundete Felsblöcke, Wackelsteine, und bizarre Felsgebilde sind im Granitgebiet des Waldviertels häufig anzutreffen. Diese Felsformen sind durch Verwitterung und Abtragung entstanden. Entlang von Klüften und Rissen konnten die Teilblöcke des Granitkörpers durch Eindringen des Wassers von den Rändern her zu Lehm und Sand zersetzt werden. Diese feineren Abtragungsprodukte wurden oft in Senken angeschwemmt und bildeten hier einen weitgehend wasserundurchlässigen Untergrund, der wiederum eine Voraussetzung für die Moorbildung ist.

Die mehr oder weniger stark abgerundeten Felsen erinnern an aufeinandergestapelte Wollsäcke, was zu der Bezeichnung Wollsackverwitterung führte.
Die Granitblöcke sind also noch von der Verwitterung verschonte Restlinge oder Härtlinge, jedoch keine Findlinge. Ein Findling ist ein durch das Gletschereis von seinem Entstehungsort zu seinem heutigen Fundort transportierter Felsblock. Das Waldviertel war aber zu den Eiszeiten weitgehend unvergletschert.

Typische Waldviertellandschaft im Herbst

Mohnblüte im Waldviertler Hochland

Die Rosenburg über dem Kamptal

Das Dorfmuseum in Roiten

7. 50 TOURENVORSCHLÄGE

1 SAURIERPARK TRAISMAUER *Gehzeit:* 1 Std. /

Besuch in der Urzeit

Alter: ab 3 Jahre
Ausgangspunkt: Parkplatz beim Eingang zum Saurierpark nördlich von Traismauer
Bahnverbindung: Regionalzug von St. Pölten nach Traismauer (Bhf. 1,8 km vom Ausgangspunkt entfernt – in mehreren Zügen Fahrradmitnahme möglich, Radweg bis Saurierpark)
Wegverlauf: beliebig auf dem Wegenetz im Park – am Badeteich entlang
Stützpunkt: mehrere Einkehrmöglichkeiten zwischen Parkplatz und dem Badeteich,
Buffet beim Kinderspielplatz
Was allen Spaß macht:
- Sauriermodelle
- Spielplatz mit Aussichtswarte
- Badeteich

Karten: nicht erforderlich

Der Saurierpark bei Traismauer stellt sicherlich eine Besonderheit unter den zahlreichen Saurierausstellungen dar, die man in den letzten Jahren besuchen konnte. Auf einem 25.000 m^2 großen Gelände in den Traisenauen werden seit 1989 naturgetreue Nachbildungen dieser Riesenechsen in Handarbeit hergestellt. 35 Modelle sind bereits entlang dem 2 km langen Wegenetz aufgestellt, an die 100 Exemplare sollen es werden. Die größten erreichen bis zu 12 Meter Höhe und 28 Meter Länge. Viele von ihnen wirken in der Aulandschaft so lebensecht, daß man sich nicht immer ganz sicher ist, ob so ein Riesentier nicht vielleicht doch Leben in sich hat und die staunenden Besucher in Angst und Schrecken versetzen könnte. Bei jedem Modell informiert eine Tafel über Name, Gattung und Zeitraum, in dem dieses Tier gelebt hat. Die Sauriermodelle sollen natürlich nicht berührt werden, doch kann man am Spielplatz einen besonders großen Artgenossen entweder über seinen Hals oder über seinen Schwanz besteigen. So ein Ritt auf einem Dinosaurierrücken ist sicherlich kein alltägliches Erlebnis!
Auf dem Ausstellungsgelände befindet sich auch ein Teich, in dem ein Elasmosaurus (Länge 13 Meter, lebte vor ungefähr 130 Mill. Jahren) über nicht ganz so alte Schwäne und Enten wacht. Außer-

halb des Saurierparks kann man dann noch entlang des Teichufers in Richtung Donau weiterwandern.

Wegverlauf

Da der Saurierpark noch im Aufbau begriffen ist, befindet sich auch das Wegenetz noch nicht in einem endgültigen Zustand. Ein Verirren ist kaum möglich, und so kann in diesem Fall auf eine genaue Wegbeschreibung verzichtet werden. Nach dem Besuch des Saurierparks kann man vom Parkplatz aus am Teichufer entlang wandern, wobei man immer wieder auf schöne Liegewiesen mit Bänken und auf Buffets stößt. Eine Rundwanderung um den Badeteich ist leider nicht möglich, es führen aber verschiedene kleine Wege am Ufer entlang.

Besonderheiten in der Umgebung

- Museum für Frühgeschichte im Schloß Traismauer, geöffnet: 23. März–1. Nov.; tgl. von 9–18 Uhr
- Museum für Urgeschichte in Nußdorf ob der Traisen, geöffnet: April–Okt.; tgl. von 9–17 Uhr

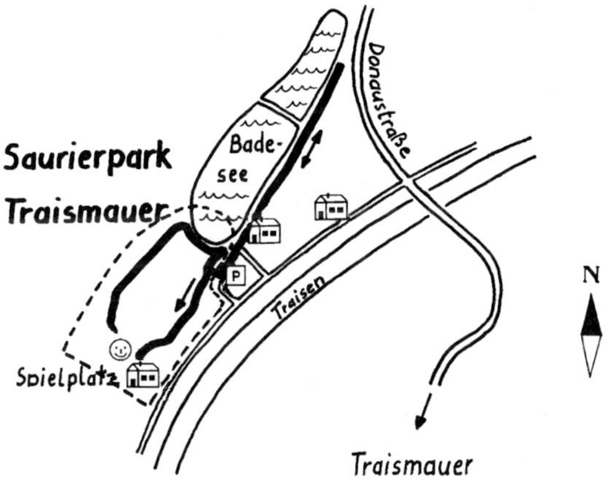

2 STIFT GÖTTWEIG *Gehzeit:* 1 Std./

Wir besuchen die Chorherren

Alter: ab 5 Jahre
Ausgangspunkt: Haltestelle Kleinwien
Bahnverbindung: Regionalzug von St. Pölten nach Krems bis Haltestelle Kleinwien
Wegverlauf: Kleinwien (240 m) – Stift Göttweig (420 m) – Kleinwien
Stützpunkt: Restaurant im Stift
Was allen Spaß macht: • abwechslungsreicher Weg
• Stift Göttweig
Karten: Freytag & Berndt WK 071

Die Lage des Stiftes ist einmalig. Auf einem runden, bewaldeten Hügel beherrscht der majestätische Bau der Klosteranlage weithin sichtbar die Landschaft. 1074 wurde das Chorherrenstift von Bischof Altmann gegründet. Der Ort war aber schon lange Zeit vorher besiedelt. Älteste Funde stammen aus der Hallstattzeit (750–400 v. Chr.), später bauten hier die Römer eine Wehranlage und Kultstätte.
Die heutige Form erhielt der Bau im 18. Jh., nachdem das ursprüngliche Kloster bei einem verheerenden Brand zum Großteil zerstört worden war. Lukas von Hildebrandt wurde beauftragt, die Pläne für einen Neubau zu entwerfen, es sollte der großartigste barocke Monumentalbau Europas werden. Es konnte aber der gesamte Plan nicht realisiert werden, denn die immensen Geldmittel zur Verwirklichung waren nicht aufzutreiben. Der verbliebene, ausgeführte Rest der Entwürfe ist aber immer noch äußerst beeindruckend. Eine Besichtigung mit einer Stiftsführung ist auch für Kinder sehr interessant. Führungen finden statt von 1. April–31. Okt., tgl. um 10, 11, 14, 15, 16 Uhr.
Der Weg führt uns von Kleinwien in zahlreichen Kehren durch lichten Mischwald bergauf zum Stift. Als Abstieg wählen wir einen sanft abfallenden Weg durch überraschend felsiges Gelände in Richtung „Hals“. Der Weg wird von der Bahn „untertunnelt“; kurz vor dem Ausgangspunkt erreicht man wieder das Gasthaus „Schickh“ mit einem kleinen Spielplatz und einem alten Eisenbahnwaggon.

Wegverlauf

Von der Haltestelle Kleinwien geht man rechts am Gh. Schickh vor-

bei. Man folgt dem Wegweiser zum Stift Göttweig und steigt auf einem kehrenreichen Weg den Hang zu diesem hinauf. Kurz vor Erreichen des Stifts trifft man auf einen Weg, der nach links in Richtung Steinaweg führt, welchen wir beim Abstieg benützen werden. Nach rechts geht es nun in wenigen Minuten zur Klosteranlage.
Der Abstieg erfolgt zuerst auf demselben Weg, folgt aber dann dem Wegweiser nach Steinaweg (blau markiert). Über einen schönen Waldweg erreicht man eine Wegkreuzung, bei der man nach links Richtung Kleinwien geht. Das letzte Stück zum Ausgangspunkt führt entlang der Bahnlinie, der Weg endet beim Gh. Schickh. Insgesamt 1 Std., 180 Hm.

Besonderheiten in der Umgebung

- Urgeschichtsmuseum in Nußdorf ob der Traisen
- Saurierpark in Traismauer

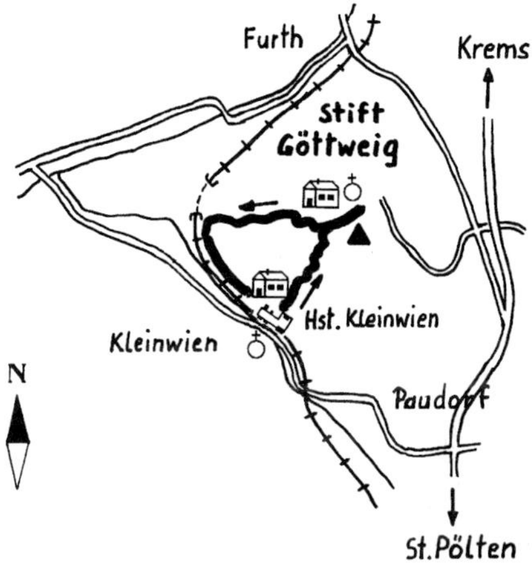

Im Saurierpark Traismauer (Tour 1)

Stift Göttweig über den Weingärten (Tour 2)

Auf dem Weg zur Ferdinandswarte (Tour 3)

Tiefblick von der Fahnenwand zur Donau (Tour 4)

3 FERDINANDSWARTE *Gehzeit:* 1,5 Std./

Auf den Spuren römischer Pferdewagen

Alter: ab 5 Jahre
Ausgangspunkt: Hundsheim, westl. von Mautern
Busverbindung: Bundesbus von Krems Bhf. nach Melk bis Haltestelle Hundsheim
➜ *Wegverlauf:* Hundsheim (200 m) – Mauternbach – Ferdinandswarte (370 m) – Hundsheim
Stützpunkt: Gasthaus in Mauternbach
Was allen Spaß macht:
- Römerstraße
- Aussichtswarte

Karten: Freytag & Berndt WK 071

Das Ziel unserer Wanderung ist die 370 m hoch gelegene Ferdinandswarte, von der man einen schönen Blick über die Wachau und den Dunkelsteinerwald genießt. Der Weg führt uns abwechslungsreich zuerst durch Weingärten, vorbei an einem kleinen Bach bis zu den Resten einer Römerstraße. Die Pflastersteine und sogar die Wagenrillen sind noch gut zu erkennen. Zwischen Mautern und Melk hatten die Römer befestigte Grenzposten, diese waren durch eine gutausgebaute Straße verbunden. Typisch für diese Römerstraßen sind die Ausbildung von Wagenrillen. Um eine gleichmäßige Steigung zu erreichen, wurde die Straße zum Teil aus dem Felsboden „herausgearbeitet".
Ein bequemer Waldweg führt zur Aussichtswarte, direkt am Steilabbruch zur Donau. Die Warte wurde bereits 1890 vom Österreichischen Touristenklub erbaut. Rastbänke laden zur Erholung ein, bevor wir über einen steilen Waldweg wieder zur Donau absteigen.

Wegverlauf

Ausgangspunkt ist der Ort Hundsheim an der Straße von Mautern nach Melk. Vom Westende des Ortes auf blauer Markierung an einem kleinen Bach entlang, leicht bergauf nach Mauternbach. Hier auf der Straße nach rechts bis zur Abzweigung zur Ferdinandswarte bzw. zur Römerstraße (rote Markierung). Nun bis zu einer Tafel, die über die Römerstraße Auskunft gibt. Wenige Meter davor zweigt nach rechts ein Weg ab (rot markiert), der zuerst die Weingärten quert und dann in den Wald führt. Auf schönem Waldweg bis zu den Feldern oberhalb von Unterbergern und weiter, rechtshaltend, bis zur Ferdinandswarte. Der Abstieg erfolgt über den blau markierten Weg mit dem Wegweiser „Donauleiten". Einen Kilometer westlich von Hundsheim erreicht man die Schnellstraße. Kurz davor aber folgt man einem Fahrweg nach rechts, der am oberen Rand von Weingärten entlangführt und auf die blaue Markierung von Hundsheim nach Mauternbach trifft. Auf dieser zurück zum Ausgangspunkt. Insgesamt 1,5 Std., 170 Hm.

Besonderheiten in der Umgebung

- Stadt Krems
- Stift Göttweig
- Dürnstein in der Wachau

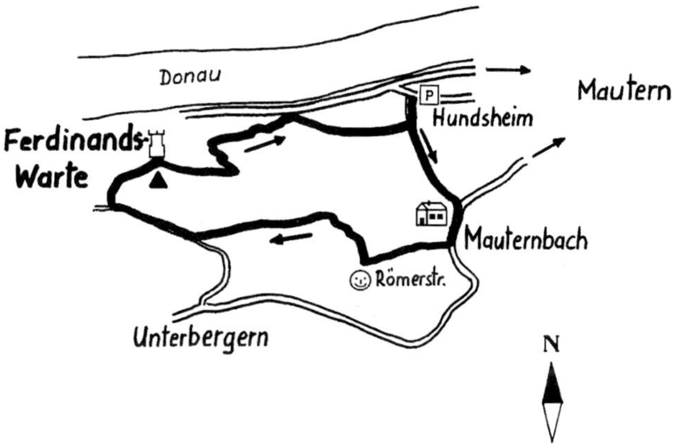

4 HIRSCHWAND *Gehzeit:* 2,5 Std./

Klettersteig hoch über der Donau

Alter: ab 7 Jahre

Ausgangspunkt: Ortsanfang von St. Lorenz an der Straße von Mautern nach Melk

Busverbindung: Bundesbus von Krems Bhf. nach Melk bis Haltestelle St. Lorenz

Wegverlauf: St.Lorenz (205 m) – Hirschwand (ca.600 m) – Evangeliwandl – St. Lorenz

Stützpunkt: keiner

Was allen Spaß macht:
- versicherte Klettersteige
- Donaublick
- Gipfelbuch

Karten: Freytag & Berndt WK 071

Klettersteige in den Alpen sind ja keine Seltenheit, aber wer vermutet versicherte Felsensteige im Dunkelsteinerwald? Ein schmaler Felskamm ragt östlich des Seekopfs aus dem Wald, die Gipfelfelsen wurden mit Drahtseilen und Eisenklammern versichert. Von zwei Seiten führen verschiedene Klettersteige, die zumindest Schwindelfreiheit erfordern, auf den höchsten Punkt. Sogar ein Gipfelbuch wurde hier aufgelegt.
Wer sich solche Kletterkünste nicht zutraut, braucht dennoch nicht auf die Wanderung zu verzichten, denn es gibt noch zahlreiche weitere Aussichtspunkte auf dieser Runde und einfachere Kletterstellen. So kann man zum Beispiel die Fahnenwand auf einer Seite in leichter Kletterei ersteigen. Aber Achtung, auf der anderen Seite bricht der Berg senkrecht zur Donau hin ab. Sehr ausdauernde Wanderer können die Runde noch bis zum Seekopf und zum Rührsdorfer See ausdehnen (eine Stunde zusätzlich). Wir aber kehren auf einem Forstweg, der uns an dunklen Felsformationen vorbeiführt, zum Ausgangspunkt zurück.

Wegverlauf

Der Weg führt vom Ausgangspunkt rot markiert vorerst an Weingärten entlang, bald danach rot und gelb markiert durch Wald. Man stößt auf eine Forststraße mit Wegweiser nach rechts zur Hirschwand, nach links zum Seekopf. Wir halten uns rechts und erreichen nach kurzer Zeit die Felsabbrüche der Fahnenwand, die sich von der Weg-zugewandten Seite auch besteigen läßt. Weiter auf schönem Weg den Hang entlang, immer wieder an Felsen und schönen Aussichtsplätzen vorbei bis zur Hirschwand, die sich als Felswand aus dem Kamm erhebt. Hier weist ein Wegweiser nach links zur Hirschwand (blau-grün markiert), während nach rechts der Weg zum Seekopf führt (grün markiert). Wir wenden uns nach links und erreichen nach 5 Min. den Felsaufschwung mit zwei sehr schönen, etwa 30 m langen Klettersteigen (der westlichere ist etwas leichter). Auf demselben Weg zurück zur Abzweigung und nun nach links auf blauer Markierung (Wegweiser nach Rossatz) bergab bis zu einer Forststraße. Hier wiederum nach links, und nun weiter auf blauer Markierung, vorbei am Rührsdorfer Kreuz und an den Evangeliwandln. Etwas später zweigt nach links die rote Markierung ab, die durch einen Graben wieder zum Ausgangspunkt zurückführt. Insgesamt 2,5 Std., 400 Hm.

Besonderheiten in der Umgebung

- Stadt Krems
- Stift Göttweig
- Dürnstein in der Wachau

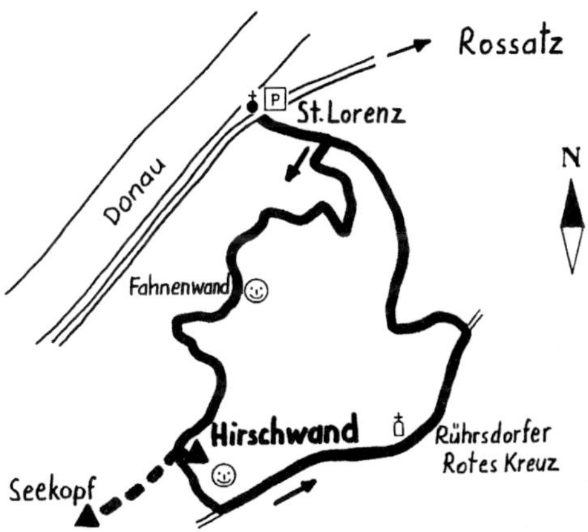

5 RUINE AGGSTEIN

Gehzeit: 2 Std. /

Zur legendenumwobenen Kuenringerburg

Alter: ab 4 Jahre
Ausgangspunkt: Aggstein
Busverbindung: Bundesbus von St. Pölten bis Haltestelle Maria Langegg
Wegverlauf: Maria Langegg (411 m) – Ruine Aggstein (501 m) – Maria Langegg
Stützpunkt: Restaurant in der Ruine Aggstein
Was allen Spaß macht: • Ruine
• Felsblöcke
Karten: Freytag & Berndt WK 071

Auf einer Felsnase der „Tischwand" erheben sich 300 m über der Donau die stattlichen Reste der Burg Aggstein, die schon von weither aus der Wachau zu sehen sind. Auf drei Seiten fällt der Berg steil ab, nur von der Ostseite führt ein Waldweg zur Burg. Die Festung wurde wahrscheinlich im 12. Jh. von den Kuenringern errichtet und zu einer der stärksten Wehranlagen in Niederösterreich ausgebaut. Dennoch wurde sie zweimal belagert und von den Babenbergerherzögen eingenommen, bis sie schließlich verfiel. Aber schon 1429 erhielt Georg Scheck vom Walde die Erlaubnis, sie wieder aufzubauen. Der „Schreckenwalder" erwies sich dieser Gunst aber als nicht sehr würdig und herrschte auf ihr mit Gewalt und Schrecken. So ließ er Gefangene angeblich auf einem ausgesetzten Felsband, dem „Rosengärtlein", entweder verhungern oder in die Tiefe springen.
Heute sind in der langgestreckten Anlage gut die vier Höfe mit den angrenzenden Nebenräumen zu erkennen. So sieht man in der Küche noch den pyramidenförmigen Rauchfang sowie die eingeschossige Gesindestube. Der 15 m hohe Torbau sicherte zusammen mit dem heute verschwundenen Bergfried die Vorburg. Hier befanden sich die Wehrgänge und das 8 m tiefe Verließ unter dem „Hungerloch". 5 m starke Mauern schützten die Mittelburg mit den Wohn- und Wirtschaftsgebäuden.
Man kann die Burg über eine Zufahrtsstraße erreichen, doch ist es interessanter, von Maria Langegg aus zu wandern. Geöffnet ist die Burg von März–Nov., tgl. 8–20 Uhr (Informationen: Tel. 02753/8228).

Wegverlauf

Von Maria Langegg folgt man dem Wegweiser zur Ruine Aggstein (rote Markierung Nr. 653). Nun zuerst auf einer Forststraße, dann auf breitem Weg leicht ansteigend durch Wald, an vereinzelten Felsblöcken vorbei bis zu einer Forststraße. Hier nach links und kurz darauf bei einer Lichtung nach rechts leicht ansteigend bis zum höchsten Punkt der Wanderung. Nun auf breitem Weg leicht bergab, teilweise entlang eines Maschenzaunes, vorbei an einigen Felsen bis zur Ruine Aggstein. Der Rückweg erfolgt auf demselben Weg. Insgesamt 2 Std., 250 Hm.

Besonderheiten in der Umgebung

Schiffahrtsmuseum in Spitz, geöffnet: 1. April–1. Nov., tgl. 10–12 und 14–16 Uhr.

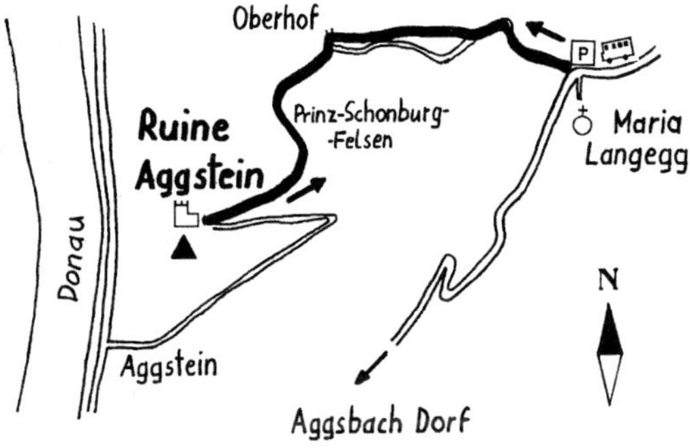

6 REISPERBACHTAL *Gehzeit:* 1,5 Std./

Naturlehrpfad bei einem mittelalterlichen Städtchen

Alter: ab 4 Jahre
Ausgangspunkt: Parkplatz am Beginn des Naturlehrpfades Reisperbachtal bei Stein a. d. Donau
Bahnverbindung: Regionalzug von Krems nach St. Valentin bis Haltestelle Stein – Mautern
Wegverlauf: Parkplatz – Waldstraße – Rotes Kreuz – Bachweg – Parkplatz
Stützpunkt: keiner
Was allen Spaß macht:
- Waldlehrpfad
- Bach zum Spielen
- Spielplatz
- Kräutergarten, Forellenteich

Karten: Freytag & Berndt WK 071

Der Naturlehrpfad Reisperbachtal nördlich von Stein in der Wachau bietet uns die Möglichkeit zu einem lehrreichen Spaziergang, den man auch schon mit kleinen Kindern unternehmen kann. Die Wege sind durchwegs so breit, daß man sie auch mit einem Kinderwagen befahren kann. Zahlreiche Schautafeln und ein Bienenstand informieren über das vielfältige Ökosystem der Landschaft nördlich der Donau. Am Umkehrpunkt unserer Wanderung befindet sich die Hubertushütte, eine kleine Unterstandshütte mit einer interessanten Geweihsammlung. Ein weiterer Höhepunkt auf dieser Wanderung ist der idyllische Bachweg, der an einer Felsengrotte vorbeiführt. Abwechslung bieten das Kräutergärtlein und ein Spielplatz, direkt am Bach gelegen. Im Forellenteich kann man Fische beobachten, auf einer Schautafel wird Näheres über ihre Lebensweise erläutert. Kurz bevor wir den Ausgangspunkt wieder erreichen, gelangen wir zu einer Kneippanlage. Hier kann man sich wieder erfrischen. Ein Besuch des nahegelegenen Städtchens Stein ist sehr empfehlenswert. Dieser Ort, der hauptsächlich durch die Strafanstalt bekannt ist, bietet aber auch für Unbescholtene so manchen Grund zum Verweilen. Romantische, kopfsteingepflasterte Gassen, mittelalterliche Häuser und zahlreiche Heurige sind einen Besuch wert.

Wegverlauf

Vom Parkplatz folgt man der Fahrstraße und kommt an zahlreichen

Schautafeln über Pflanzen und Tiere vorbei. Die Waldstraße endet beim sogenannten Roten Kreuz, wo sich auch die Hubertushütte, eine kleine Unterstandshütte mit ausgestellten Geweihen, und Rastbänke befinden.
Der Rückweg erfolgt über den Bachweg, der grün markiert bei der Hubertushütte anfängt und entlang dem Reisperbach führt. An verschiedenen Schautafeln vorbei kommt man zu einem Spielplatz, zu einem Fischteich und zuallerletzt zu einer Kneipp-Anlage mit genauer Anleitung zu deren Benützung. Die letzten Meter zum Parkplatz werden auf einer Fahrstraße zurückgelegt. Insgesamt 1 Std., 50 Hm.

Besonderheiten in der Umgebung

- Stadt Krems
- Stift Göttweig
- Dürnstein in der Wachau

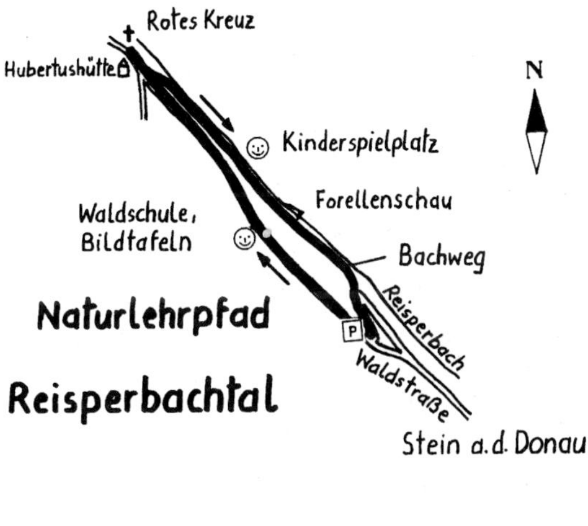

7 DÜRNSTEIN *Gehzeit:* 2,5 Std./

Über den Vogelbergsteig zur Ruine Dürnstein

Alter: ab 6 Jahre
Ausgangspunkt: Parkplatz südlich von Dürnstein bzw. Bahnhof Dürnstein
Bahnverbindung: Regionalzug von Krems nach St. Valentin bis Haltestelle Dürnstein-Oberloiben
Wegverlauf: Dürnstein (209 m) – Vogelbergsteig – Fesslhütte (520 m) – Starhembergwarte (564 m) – Ruine Dürnstein – Dürnstein
Stützpunkt: Fessl-Hütte, April–Okt. durchgehend geöffnet
Was allen Spaß macht:
- interessanter Steig mit Versicherungen
- Aussichtswarte
- Kletterfelsen
- Ruine

Karten: Freytag & Berndt WK 071

Die Burg Dürnstein, erbaut im 12. Jh., diente den Kuenringern lange als Hauptburg. Richard I. von England, besser bekannt unter dem Namen „Richard Löwenherz“, wurde hier 1192 über ein Jahr lang gefangengehalten. Freigelassen wurde er erst nach Zahlung des geforderten Lösegeldes. Ungefähr 15 Tonnen Silberbarren war den Briten ihr König wert; von dem Geld wurden Wr. Neustadt, Wien und Laa/Thaya befestigt. Heute erinnern nur noch romantische Mauerreste an die glanzvolle Zeit dieser Burg.
Unsere Wanderung beginnt in dem Fremdenverkehrsort Dürnstein mit seiner weithin sichtbaren hellblauen barocken Pfarrkirche. Wir folgen dem Vogelbergsteig, einem der schönsten Anstiege der Wachau mit Ausblicken auf Dürnstein und die Donau. Einmal ist sogar eine etwas ausgesetzte Felswand zu queren, der Weg ist aber gut mit einem Drahtseil abgesichert. Als Stützpunkt dient uns die Fesslhütte. Hier erhält man auch den Schlüssel zur Starhembergwarte auf dem Gipfel des Schloßberges. Diesen erreicht man in wenigen Minuten. Für den Abstieg wählen wir den Schloßbergsteig, der vorbei an den bizarren Türmen und Felsnadeln des Dürnsteinergrates führt. Diese Felsgebilde, viele mit Namen wie Teufelsturm, Adlerfelsen, Narrenturm usw. bezeichnet, erreichen eine Höhe von bis zu 30 m. Auf breitem Weg gelangen wir zur Ruine Dürnstein, und von hier ist es nicht mehr weit bis zu unserem Ausgangsort.

Wegverlauf

Vom Ausgangspunkt aus durchquert man den malerischen Ort Dürnstein durch schmale Gassen bis an sein nördliches Ende. Hier zweigt nach rechts ein Fahrweg in den Talgraben ab (Wegweiser, rot und grün markiert). Diesem folgt man ein Stück bergauf, bis nach links der Vogelbergsteig abzweigt. Über einen kehrenreichen Weg geht es nun bergauf, wobei immer wieder Wege zu prachtvollen Aussichtsplätzen leiten. Bald ist man am höchsten Punkt der „Wächterwand“ angelangt. Kurz danach erreicht man die waagrechte Querung einer steilen Wand, die man auf einem breiten Band (Drahtseil) unschwierig bewältigt. Weiter geht es, immer wieder an Felsen vorbei, bis auf den Vogelberg und zuletzt in einem großen Rechtsbogen bis zur Fesslhütte. Von hier kann man in wenigen Minuten einen Abstecher hinauf zur Starhembergwarte unternehmen (Schlüssel in der Fesslhütte). Der Abstieg erfolgt über den grün bezeichneten Schloßbergweg, vorbei an bizarren Felstürmen, Mauerresten und der Ruine Dürnstein. Von der Ruine auf einem breiten Fußweg zurück nach Dürnstein und zum Ausgangspunkt. Insgesamt 2,5 Std., 360 Hm.

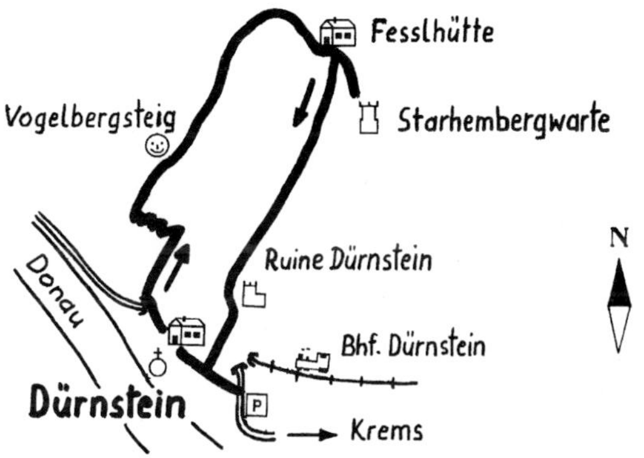

Auf dem Vogelbergsteig (Tour 7)

Sender und Warte auf dem Jauerling (Tour 9)

Sommerrodelbahn im Erlebnispa
Hubhof (Tour 10)

Wer fürchtet sich vorm Dinosaurier? (Tour 10)

8 GUDENUSHÖHLE *Gehzeit:* 2 Std./

Wohnte hier Familie Feuerstein?

Alter: ab 4 Jahre
Ausgangspunkt: Maigenmühle an der Straße von Weinzierl/Walde nach Albrechtsberg/Großen Krems
Busverbindung: Dieser Ausgangspunkt ist mit öffentlichen Verkehrsmitteln nur schlecht erreichbar
Wegverlauf: Maigenmühle (516 m) – Burg Hartenstein – Gudenushöhle – Eichmayerhöhle (ca. 600 m) – Steinerner Saal (ca. 650 m) – Am Zwickl (450 m) – Maigenmühle
Stützpunkt: keiner
Was allen Spaß macht:
- Burg Hartenstein
- Gudenushöhle
- Eichmayerhöhle und Steinerner Saal
- Spielen an der Kleinen Krems

Karten: Freytag & Berndt WK 071

Dieser Tourenvorschlag bietet so ziemlich alles, was Kindern Spaß macht und sie Wandern nicht als lästige Sonntagspflicht empfinden läßt. Der Weg führt zuerst eben entlang der Kleinen Krems, und genau dann, wenn es Zeit für Abwechslung ist, sieht man schon die imposante Burg Hartenstein auf dem mächtigen Burgfelsen thronen. Diese Burg wurde im 12. Jh., wahrscheinlich von Heinrich von Kuenring erbaut. Seit dem 17. Jh. verfällt sie. 1892 wurde die Vorburg in eine Kaltwasserheilanstalt umgebaut. Heute ist sie allerdings etwas verwahrlost. Ihre außergewöhnliche Lage machte sie als die Burg, die „hoch auf dem Berg und tief im Tal liegt", bekannt. Die Gudenushöhle befindet sich unterhalb der Burg im Burgfelsen. In der 22 m langen Durchgangshöhle wurden Faustkeile und bearbeitete Tierknochen aus mehreren Steinzeitepochen gefunden. Vermutlich ist sie eine der ältesten Siedlungsstätten in Mitteleuropa. Die Kleine Krems, die vor der „Haustür" der Höhle fließt, verlockt sehr zum Spielen. Der Weg führt uns noch weiter zur Eichmayerhöhle und dem „Steinernen Saal", einem mächtigen Felsbogen. Umkehrpunkt unserer Wanderung ist der Kremszwickl, der Zusammenfluß der Kleinen und der Großen Krems. Zurück folgen wir dem breiten Forstweg entlang der Kleinen Krems, auf dem übrigens auch Fahrradfahren erlaubt ist.

Wegverlauf

Vom Ausgangspunkt wandert man auf einer Forststraße entlang der Kleinen Krems. Bald erreicht man die Burg Hartenstein, die auf dem Burgfelsen thront. Man folgt weiter der Kleinen Krems, die hier in einem Bogen die Burgfelsen umfließt, und erreicht ein Brückerl mit einem Wegweiser zur Gudenushöhle. Über dieses zur Gudenushöhle, die man nach wenigen Metern erreicht. Nun wieder zurück über die Kleine Krems und weiter an deren linkem Ufer entlang, bis schräg nach links ein rot markierter Weg zur Eichmayerhöhle abzweigt. Nun steil bergauf bis zur Höhle und weiter auf steilem Weg bis zum „Steinernen Saal". Hier empfiehlt es sich umzukehren, da der direkte Weiterweg zum Kremszwickl über steiles, rutschiges Terrain führt. Einen Abstecher zur Teufelskirchehöhle sollten nur jene unternehmen, die auch schwierige Klettersteige sicher bewältigen können. Sobald man wieder im Tal der Kleinen Krems angelangt ist, kann man noch den Weg bis zum Zusammenfluß mit der Großen Krems (Am Zwickl) verfolgen. Die Rückkehr zum Ausgangspunkt erfolgt auf demselben Weg entlang der Kleinen Krems. Insgesamt 2 Std., 150 Hm.

9 JAUERLING *Gehzeit:* 3,5 Std./

Der schönste Aussichtsturm im südlichen Waldviertel

Alter: ab 6 Jahre
Ausgangspunkt: Zeißing bei Maria Laach
Busverbindung: Der Ausgangspunkt ist mit öffentlichen Verkehrsmitteln nur schlecht erreichbar
→ *Wegverlauf:* Zeißing (590 m) – Jauerling (961 m) – Naturpark Rundweg – Zeißing
Stützpunkt: Buffet in der Warte am Jauerling, Hans-Pichler-Haus
Was allen Spaß macht:
- Aussichtswarte
- große Wiese
- Naturpark

Karten: Freytag & Berndt WK 071

Der Jauerling ist mit seinen 961 Metern die höchste Erhebung im südlichen Waldviertel. Es führt zwar eine Autostraße hinauf, wir benützen aber den schönen Wanderweg und besteigen diesen Aussichtsberg zu Fuß. Der Waldweg führt durch lichten Wald und über Wiesen mäßig steil auf das Gipfelplateau. Auf dem höchsten Punkt wurde ein großes Gipfelkreuz errichtet. Bis zum Jahr 1975 war die Seehöhe des Jauerlings auf allen Karten mit 959 m angegeben. Im gleichen Jahr aber „baute" man den Gipfel „aus". Man schüttete etwa zwei Meter hoch Erde auf, steckte ein hölzernes Gipfelkreuz hinein und schmückte den neu gestalteten Gipfelbereich noch mit einigen herbeigeschleppten Granitblöcken. Der Jauerlinggipfel ist nunmehr 961 m hoch. In seiner Nähe wurde eine Aussichtswarte auf einer großen Wiese errichtet. Hier steht auch der ORF-Sender Jauerling.
Wandert man über die Wiese weiter, so gelangt man zum Naturpark Jauerling, mit Gasthaus und Kinderspielplatz, Tiergehegen und Waldlehrpfad.
Der Nachbarort unseres Ausgangspunktes ist Maria Laach. Dieser Ort wurde hauptsächlich durch seine Wallfahrtskirche bekannt. Maria wird hier mit sechs Fingern auf einem Altarbild dargestellt. Wie es zu dieser Absonderlichkeit kam, ist bis heute unbekannt, zahlreiche Sagen und Legenden ranken sich um dieses Bild.

Wegverlauf

Von Zeißing folgt man kurz einer Fahrstraße, bis nach rechts ein

blau und rot markierter Weg in den Wald abzweigt. Auf einem breiten Waldweg folgt man immer der blauen Markierung bzw. den Wegweisern Richtung Jauerling. Das letzte Stück zur Warte ist rot markiert. Die Warte selbst ist 38 m hoch und kann bestiegen werden. Außerdem gibt es hier ein Buffet und eine riesige Spielwiese sowie einen Sender. Der Weiterweg erfolgt über die Wiese und anschließend nach rechts zum Naturpark Jauerling. Hier folgt man dem bezeichneten Naturpark-Rundweg, der zum Gipfelkreuz, zum Hans-Pichler-Haus mit angeschlossenem Kräuter- und Pilzmuseum, einem Waldlehrpfad und vielem mehr führt.
Hat man den Rundweg beendet, kehrt man am besten auf demselben Weg zur Warte und weiter nach Zeißing zurück. Insgesamt 3,5 Std., 400 Hm.

Besonderheiten in der Umgebung

- Pfarrkirche Maria Laach, Maria mit sechs Fingern
- Erlebnispark Hubhof, geöffnet: Ostern–31. Aug. tgl.; Sept., Okt. nur Sa, So 10–17 Uhr. Für angemeldete Gruppen auch Sept. und Okt. täglich. (Informationen: Tel. 0 27 12/241).

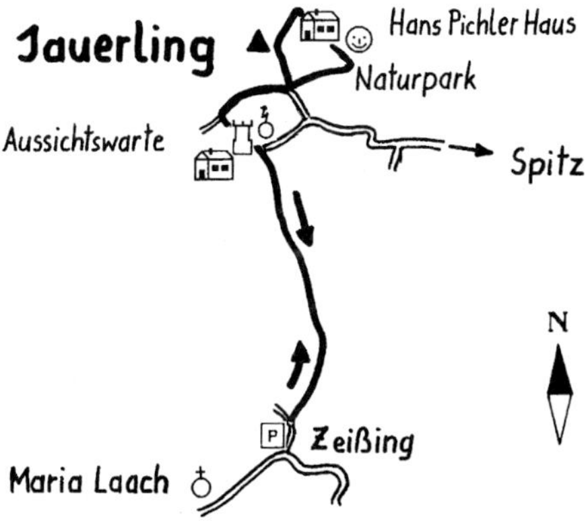

10 ERLEBNISPARK HUBHOF Gehzeit: 1 Std./

Nicht nur Dinosaurier

Alter: ab 3 Jahre
Ausgangspunkt: Hubhof bei Aggsbach-Markt
Busverbindung: Dieser Ausgangspunkt ist mit öffentlichen Verkehrsmitteln nur schlecht erreichbar
Wegverlauf: beliebig auf den Wegen des Erlebnisparks
Stützpunkt: Restaurant im Hubhof
Was allen Spaß macht:
- Märchenland
- Dinosaurierpark
- Sommerrodelbahn
- Tiergehege

Karten: Freytag & Berndt WK 071

So richtig „wandern" kann man in diesem Kindererlebnispark eigentlich nicht, für Kinder ist aber ein Ausflug in diesen Freizeitpark sicherlich ein Erlebnis. Hier werden ihnen nämlich eine Fülle von Attraktionen geboten: Im Märchenland sind 16 Märchenszenen zu bestaunen. Auf Knopfdruck wird das jeweilige Märchen erzählt, und manche der Figuren bewegen sich sogar. Im Dinowald herrschen riesige Dinosaurier. Unheimlich wird es dann im Geisterschloß, doch gibt es in unmittelbarer Nachbarschaft in einem Gehege Zwergziegen, die sich gerne streicheln lassen. Die erschreckten Gemüter lassen sich hier also wieder beruhigen. Im Erlebnisland kann man die Sommerrodelbahn hinunterbrausen, durch ein Flugzeug klettern und eines der Wackelfahrräder ausprobieren. Kindern wird hier sicherlich nicht langweilig!
Leider ist der Besuch dieses Erlebnisparks für Familien kein billiges Vergnügen (Erwachsene und größere Kinder zahlen 60 S, kleinere Kinder 40 S), geöffnet ist der Hubhof von Ostern–31.Aug. tgl.; Sept., Okt. nur Sa, So 10–17 Uhr. Für angemeldete Gruppen auch Sept. und Okt. täglich. (Informationen: Tel. 0 27 12/241.)

Wegverlauf

Einen genauen Wegverlauf anzugeben erübrigt sich hier, da das Gelände ein Verirren nur schwer zuläßt. So bleibt es dem Besucher überlassen, in welcher Reihenfolge er die vielen Attraktionen des Erlebnisparks aufsucht.

Besonderheiten in der Umgebung

- Naturpark Jauerling
- Pfarrkirche Maria Laach, Maria mit sechs Fingern

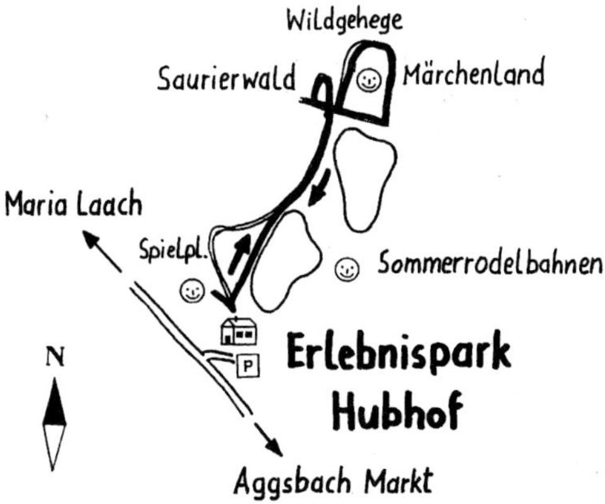

11 OSTRONG *Gehzeit:* 3 Std./

Steiler Weg auf einen der höchsten Waldviertelberge

Alter: ab 7 Jahre
Ausgangspunkt: Laimbach, Abzweigung der roten Markierung zum Großen Peilstein, 500 m südlich von Laimbach
Busverbindung: Bundesbus von Wien-Mitte nach Schönbach bis Haltestelle Laimbach/Ostrong Postamt
Wegverlauf: Laimbach (526 m) – Großer Peilstein (1061 m) – Kleiner Peilstein – Laimbach
Stützpunkt: keiner
Was allen Spaß macht: Gipfelfelsen mit Gipfelkreuz
Achtung: Wegen des steilen Weges Vorsicht bei Nässe
Karten: Freytag & Berndt WK 071

Das Waldviertel war vor vielen Millionen Jahren einmal ein Hochgebirge. Die Verwitterung trug die aus Granit und Gneis bestehenden Berge langsam ab. Übrig blieben runde Hügel mit bizarren Felsformen im Gipfelbereich. Nur wenige Berge im Waldviertel erreichen eine Höhe von über 1000 m. Einer davon ist der Große Peilstein im Gebirgszug des Ostrong im südlichen Waldviertel. Von Norden sind über 500 Höhenmeter auf sehr steilem Weg zu überwinden, um zu den Gipfelfelsen mit dem Gipfelkreuz zu gelangen. Dieses steht aber auf dem „Kleinen Peilstein", da der höchste Punkt im dichten Wald versteckt liegt und keinerlei Aussicht bietet.
Der Aufstiegsweg führt über Wiesen und Nadelwald zu einer Waldlichtung mit Hochstand. Ersteigt man diesen, so eröffnet sich einem ein weiter Ausblick bis hin zum Yspertal und Weinsberger Wald. Auch die Gipfelfelsen mit dem Gipfelkreuz kann man bereits erkennen.
Für den Abstieg bieten sich zwei Möglichkeiten an, wobei es ratsamer ist, den längeren Weg, und nicht den steilen Aufstiegsweg zu wählen.

Wegverlauf

Von der Abzweigung führt der Weg zuerst an Feldern entlang, dann steil durch Wald bis zu einer Forststraße. Hier weist ein Wegweiser („1 schwerer Weg") zum Peilsteingipfel. Nun wieder steil bergauf, wobei Kinder manchmal bereits die Hände zu Hilfe nehmen müs-

sen. Man erreicht einen schönen Aussichtspunkt mit einer kleinen Warte (oder ist es nur ein Jägerstand?). Weiter geht es durch steilen Wald, wobei die Gipfelfelsen über einem sichtbar sind. Am Gipfelkamm angelangt, stößt man auf den rot und blau markierten Weg, der nach rechts zum höchsten Punkt führt (leider keine Aussicht, da er sich mitten im Wald befindet). Nun zurück zur Abzweigung und weiter zum Gipfelkreuz, das auf dem Gipfelfelsen des Kleinen Peilsteins steht.
Der Abstieg erfolgt besser nicht auf dem sehr steilen Aufstiegsweg. Vom Gipfel des Kleinen Peilsteins folgt man der blauen Markierung nach rechts bis zu einem breiten Weg, den man nach rechts wenige Meter leicht bergauf bis zu einer großen Forststraße verfolgt. Auf dieser nach links, vorbei an einer Jagdhütte mit einer kleinen Quelle (etwas rechts unterhalb der Forststraße im Wald versteckt gelegen). Die Forststraße verfolgt man aber weiter, bis man wieder auf den Aufstiegsweg gelangt, und auf diesem zurück zum Ausgangspunkt. Insgesamt 3 Std., 530 Hm.

Besonderheiten in der Umgebung

Ysperklamm

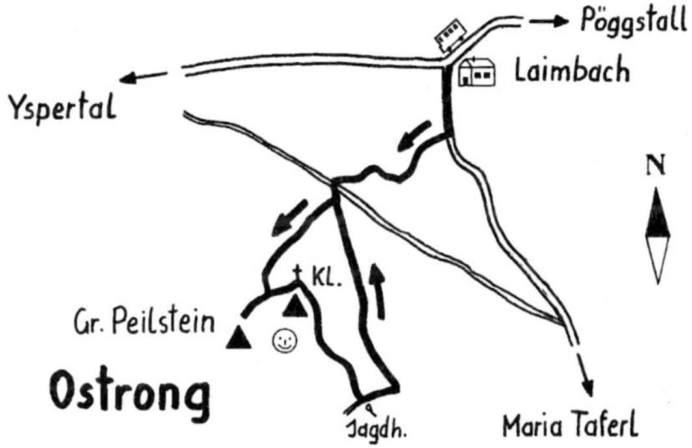

12 YSPERKLAMM *Gehzeit:* 1,5 Std.

Vorbei an Wasserfällen und Kaskaden

Alter: ab 5 Jahre

Ausgangspunkt: Parkplatz beim Gh. Forellenhof am Beginn der Ysperklamm bei Pisching

Busverbindung: Bundesbus von Ybbs Bhf. nach Pöggstall bis Haltestelle Ysperklamm (nur an Werktagen in den Sommerferien)

Wegverlauf: Parkplatz – Ysperklamm – Parkplatz

Stützpunkt: Gh. Forellenhof beim Ausgangspunkt

Was allen Spaß macht:
- Klamm mit vielen kleinen Wasserfällen
- Steiganlage durch die Klamm

Karten: Freytag & Berndt WK 071

Man kann sich heute nur mehr schwer vorstellen, daß die Ysperklamm einst eine bedeutende Schwemmanlage war, um Holz aus dem Waldviertel zur Donau zu schwemmen. Zu diesem Zweck wurde das Wasser im Frühjahr während der Schneeschmelze im Ödteich oberhalb der Klamm aufgestaut. Wurde dann der Teich geöffnet, donnerte das Holz durch die enge Schlucht und erreichte in nur fünf Stunden die riesigen Holzrechen an der Donau. Bis Anfang unseres Jahrhunderts wurde auf diese Art getriftet, von den dreißiger Jahren an waren dann LKWs das billigere und weniger gefährliche Transportmittel.

Um diese romantische Waldschlucht ranken sich viele Märchen und Sagen. Man sollte sich zum Beispiel vor dem listigen Kobold in acht nehmen, der hier sein Unwesen treibt. In mondhellen Nächten fährt er in einer von sechs Katzen gezogenen Kutsche, um vielleicht der Riesenschlange einen Besuch abzustatten, die am Eingang der Klamm einen Schatz bewachen soll. An heißen Tagen findet er es sehr lustig, den in der Ysper Badenden ihre Kleider zu verstecken. Man kann sich aber leicht solchen Unfugs erwehren, indem man Brotbrösel ins Wasser streut, sobald man den kleinen Wicht entdeckt.

Ein sehr gut angelegter und markierter Steig führt uns durch diese Klamm. Sie ist ungefähr einen Kilometer lang, bei einem Höhenunterschied von 200 m. Wir müssen Holzstege, Brücken und Stiegen überwinden, bis wir den Ausgang der Schlucht erreichen. In der Nähe befindet sich auch der bereits sehr verwachsene Ödteich.

Der Abstiegsweg führt, ebenfalls gut beschildert, über eine Forststraße, überquert mit einer Brücke noch einmal die Klamm und erreicht zuletzt auf einer Asphaltstraße wieder den Forellenhof am Beginn der Klamm. Die Hasen, die hier in einem Gehege gehalten werden, sind für Kinder zum Abschluß der Wanderung noch sehr interessant.

Wegverlauf

Vom Parkplatz folgt man dem Wegweiser „Aufstieg“ durch die Ysperklamm, der rot bzw. blau markiert ist. Der Weg führt an Wasserfällen entlang aufwärts und trifft nach 25 Min. auf eine Forststraße, die mit einer Brücke die Ysper überquert. (Hier besteht die Möglichkeit, die Wanderung abzukürzen, indem man der Forststraße abwärts zum Parkplatz folgt.) Wir gehen den markierten Weg gerade weiter, bis er zum zweiten Mal auf eine Forststraße trifft (hier auch einige Rastbänke). Rechts beginnt der Abstieg, der mit Wegweisern mit der Aufschrift „Abstieg“ gekennzeichnet ist. Dieser erfolgt zum Großteil auf Forststraßen, das letzte Stück zum Parkplatz ist asphaltiert. Insgesamt 1,5 Std., 200 Hm.

Besonderheiten in der Umgebung

Bademöglichkeit im Puschacherteich

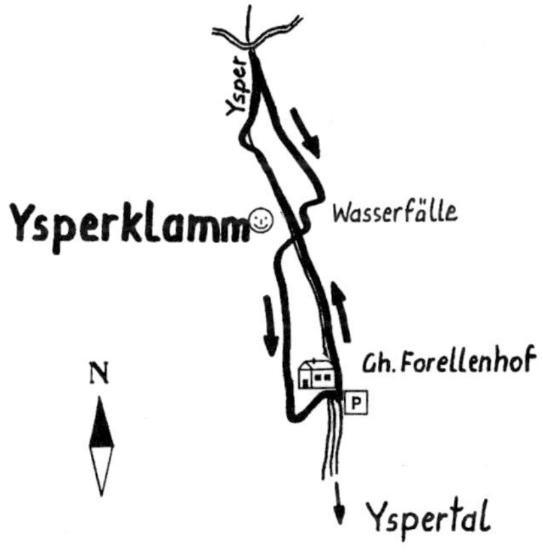

13 HERZSTEINRUNDWEG Gehzeit: 2,5 Std./

Wer fürchtet sich vorm düsteren Fels?

Alter: ab 5 Jahre

Ausgangspunkt: Abzweigung des Waldlehrpfads am südl. Ortsende von Ysper an der Straße nach St. Oswald

Busverbindung: Bundesbus von Amstetten nach Pöggstall bis Haltestelle Ysper Marktplatz

Wegverlauf: Ausgangspunkt (504 m) – Waldlehrpfad – Drachenstein und Totenkopf (780 m) – Herzstein – Waldkapelle – Spielplatz – Waldlehrpfad – Ausgangspunkt

Stützpunkt: keiner

Was allen Spaß macht:
- Waldlehrpfad
- Granitblöcke
- Spielplatz

Karten: Freytag & Berndt WK 071

Die düstere Felsgruppe des „Totenkopfs" gehört wohl zu den unheimlichsten Felsgebilden im Waldviertel. Dieser Stein faszinierte schon seit jeher die Bewohner. Auf seiner Kuppe ist ein viereckiger Sitz eingeschnitten, der in diesem Fall keine Auswaschung ist, sondern von Menschenhand geschaffen wurde. Eine leider schon recht verfallene Holzleiter ermöglicht den Aufstieg.
Der Herzstein ist ebenfalls ein beeindruckender Felsklotz. Fünf Meter hoch ragt der Felsen aus dem Heidegras, an seiner Auflage wurde ein schon bestehender Spalt erweitert, so daß ein Mensch durchkriechen kann.
Eine Waldkapelle, ein Spielplatz und ein Waldlehrpfad bilden den Abschluß dieser schönen Rundwanderung.

Wegverlauf

Kurz nach dem Ortsendeschild von Ysper, an der Straße nach St. Oswald, zweigt nach rechts ein breiter Weg ab (Wegweiser zum Waldlehrpfad, Herzsteinrundweg u.a., rote Markierung Nr. 666). Man folgt diesem Weg, vorbei an den ersten Schautafeln des Waldlehrpfades, bis nach links ein breiter Weg abzweigt (Wegweiser zum Herzsteinrundweg und Weißenberg). Nun immer den Wegweisern „Herzsteinrundweg" folgend bis zu einer Forststraße. Hier nach links leicht bergab, bis nach 500 m ein Weg (rote Markierung) nach rechts in den Wald führt. Dieser stößt kurz darauf auf einen breiten Weg, den man nach rechts auf roter Markierung bergauf durch Wald und an Wiesen entlang bis zu den Weiden des Gehöfts Pireitsteiner verfolgt. Hier zweigt bei einem Schuppen (Wegweiser Herzsteinrundweg) nach rechts ein breiter rotmarkierter Weg zum Drachenstein und Totenkopf ab (keine Hinweistafel!). Auf diesem ein kurzes Stück hinauf, bis Wegweiser nach rechts zum Drachenstein und Totenkopf weisen, und nun auf schmalem Weg zu diesen imposanten Felsgebilden (15 Min. von der Abzweigung beim Gehöft). Es führt sogar eine Holztreppe zum höchsten Punkt, doch ist diese bereits etwas morsch, und es fehlt das unterste Stück. Nun auf demselben Weg zurück bis zum Gehöft und nach rechts weiter, bis der Weg auf den Weitwanderweg Nr. 666 trifft. Hier nach links, und über Wiesen und durch Wald bis zum Herzstein (gut markiert bzw. beschildert). Beim Herzstein biegt der Weg scharf nach rechts ab und erreicht bald darauf eine asphaltierte Straße. Diese verfolgt man 200 m nach rechts, ehe der Weg neuerlich nach rechts in den Wald abzweigt. Nun bergab bis zu einer asphaltierten Straße und auf dieser weiter. 50 m nach einer Kehre zweigt die rote Markierung nach rechts in den Wald ab. Auf dieser entlang, bis man auf den Waldlehrpfad stößt. Nach links kann man einen kurzen Abstecher zur Waldkapelle unternehmen, nach rechts führt der Weg zum Spielplatz. Von hier auf dem Waldlehrpfad zurück zum Ausgangspunkt. Insgesamt 2,5 Std., 280 Hm.

14 STILLENSTEINKLAMM *Gehzeit:* 2 Std./

Romantische Klamm und großer Stein

Alter: ab 5 Jahre

Ausgangspunkt: einige hundert Meter westlich von Struden im Strudengau (Parkplatz)

Bahnverbindung: Regionalzug von Krems/Donau nach St. Valentin bis Haltestelle St. Nikola-Struden

Wegverlauf: Ausgangspunkt (230 m) – Stillensteinklamm (Weg Nr. 9) – Stillenstein – Stausee (ca. 400 m) – Weg Nr. 9a – Ausgangspunkt

Stützpunkt: keiner

Was allen Spaß macht:
- romantische Klamm
- eindrucksvoller „Stillenstein"
- Bach zum Spielen

Karten: ÖK 50, Bl. 53

Die Donau bildet im Strudengau die Grenze zwischen Oberösterreich und Niederösterreich. Der Strom nimmt hier seinen malerischen Verlauf, vorbei an kleinen Städten und Orten, die Uferhänge sind steil. Die von der Granithochfläche zur Donau fließenden Bäche des Mühl- und Waldviertels haben tiefe Schluchten in das Gestein gegraben. Eindrucksvolle Klammen sind entstanden, die berühmteste ist sicherlich die Stillensteinklamm. Der Gießbach stürzt hier über Felsstufen in die Tiefe, im Bereich eines Felssturzes verschwindet er einmal vollständig unter den Gesteinsblöcken. Den Namen erhielt diese Klamm durch den Stillenstein, eine bizarre Felsgruppe, um die sich eine Sage rankt. Die Geschichte kann man an Ort und Stelle auf einer Tafel nachlesen.
Der Weg ist gut und abwechslungsreich angelegt, die Markierungen sind deutlich sichtbar, obwohl ein Verirren in der engen Klamm nicht gut möglich ist. Die Gehzeit durch die Klamm ist eher kurz, doch muß man mit längeren Aufenthalten bei besonders interessanten Stellen rechnen.

Wegverlauf

Vom Ausgangspunkt folgt man dem gut markierten Weg Nr.9 zuerst relativ eben auf einem Fahrweg am Bach entlang. Später zweigt der Weg nach links ab und führt nun schmal, aber unschwierig an Felsen vorbei und anschließend durch den Wald oberhalb des Baches. Vor einem Wasserfall quert man den Bach und steigt dann zum Stillenstein empor, einem riesigen Stein, der die Klamm fast überdacht. Danach verschwindet der Bach ein Stück unter riesigen Granitblöcken, bevor er bei einem Brückerl wieder ans Tageslicht tritt. Der Weg stößt bald darauf auf einen ebenen Weg, dem wir nach rechts folgen (Wegweiser zum Wh. Aumühle). Wenig später erreicht man einen kleinen Stausee und nach einem weiteren Stück einen zum Spielen ideal geeigneten Bach. Hier ist unser Umkehrpunkt, da der Weiterweg zum Wh. Aumühle für Kinder eher eintönig ist und zum Teil auf asphaltierter Straße verläuft. Der Rückweg erfolgt zuerst auf demselben Weg, doch zweigt man nicht zum Stillenstein nach links ab, sondern bleibt auf dem breiten Weg (ab hier Nr. 9a), der zwar nicht sehr abwechslungsreich ist, aber ohne Schwierigkeiten in einem Bogen zum Ausgangspunkt zurückführt. Insgesamt 2 Std., 170 Hm.

Besonderheiten in der Umgebung

- Ruine Werfenstein, östl. von Krems
- Stadt Grein

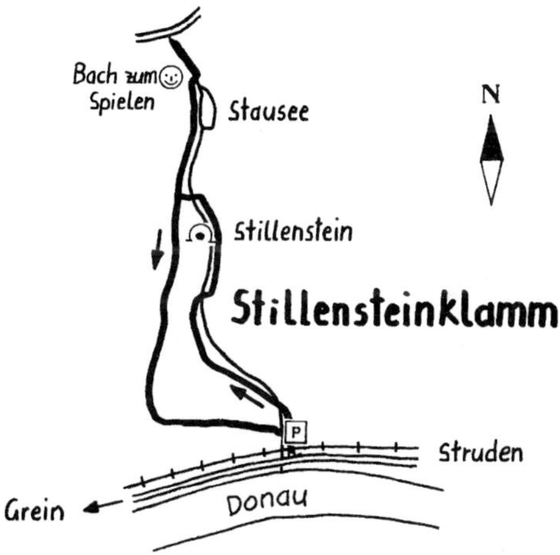

Ysperklamm (Tour 12)

Die etwas vermorschte Stiege auf den „Totenkopf" (Tour 13)

Wasserfall in der Stillensteinklamm (Tour 14)

Die Ausgrabungen auf der Schanz (Tour 16)

Flugvorführungen auf der Rosenburg (Tour 17)

15 RUINE KRONSEGG *Gehzeit:* 0,5 Std./

Wir erforschen eine uralte Burg

Alter: ab 4 Jahre
Ausgangspunkt: Parkplatz zur Ruine Kronsegg in Kronsegg bei Langenlois
Busverbindung: Der Ausgangspunkt ist mit öffentlichen Verkehrsmitteln nur schlecht erreichbar
Wegverlauf: Parkplatz (334 m) – Ruine Kronsegg (ca. 380 m) – Rundwanderweg um die Ruine – Parkplatz
Stützpunkt: keiner
Was allen Spaß macht: interessante Ruine
Karten: Freytag & Berndt WK 072

Die Burg Kronsegg in der nahen Umgebung der Stadt Langenlois wurde Ende des 12. Jh. erbaut und diente einst einer Vielzahl von Lehensherren als Herrschaftssitz. Die Burg begann zu verfallen, als im 17. Jh. das Schloß Schiltern errichtet wurde und die Besitzer dorthin ihren Wohnsitz verlegten. Die Ruine wurde aber in den letzten Jahren liebevoll renoviert. Holzstege und Treppen erleichtern das Erforschen der Burg, Holzgeländer sichern gefährliche Maueröffnungen ab. Auf den beiden Bergfrieden wurden Aussichtsplattformen eingerichtet, von denen man weit über die umliegenden Waldberge sieht.
Der Zugang zur Ruine führt über einen Waldweg. Das Burgtor ist rasch erreicht. Für die Besichtigung der Ruine sollte man sich aber genügend Zeit nehmen, vieles gibt es hier zu entdecken. Ratsam ist es, Taschenlampen mitzunehmen, da man so auch die entlegensten Winkel der Ruine erkunden kann. Anschließend umrundet man die Festung auf einem schmalen Steig; auch laden die Wanderwege in der Umgebung noch zu einem kleinen Spaziergang ein. An heißen Sommertagen bietet das nahe Staubecken des Loisbaches eine willkommene Abkühlung.

Wegverlauf

Vom Parkplatz folgt man dem Wegweiser zur Ruine Kronsegg. Zuerst auf breiter Forststraße, das letzte Stück auf schmalem Waldweg zur Ruine (10 Min.). Hier ein Wegweiser „Rundweg um die Ruine Kronsegg“, der auf schmalem Weg am Hang entlang führt (5 Min.).

Der Abstieg erfolgt auf demselben Weg wie der Aufstieg. Insgesamt 0,5 Std., 50 Hm.

Besonderheiten in der Umgebung

- Bademöglichkeit im nahen Stausee des Loisbaches
- Heimatmuseum Langenlois, geöffnet: Ostern–31. Okt.; Di–So 10–12 Uhr
- 1. Europäisches Dachdeckermuseum – „Fritz und Rupert Hatschek-Museum", Langenlois, Landesberufsschule für das Baugewerbe, geöffnet: während der Betriebszeiten der Schule

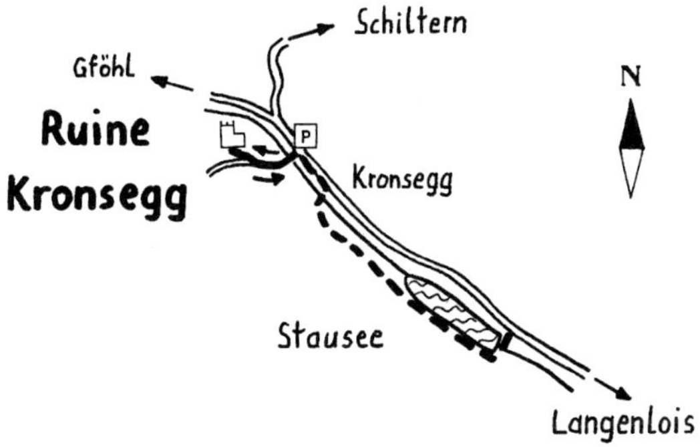

16 RUINE SCHIMMELSPRUNG *Gehzeit:* 2 Std./

Auf den Spuren eines Tempelritters

Alter: ab 6 Jahre

Ausgangspunkt: Schimmelsprunggasse in Thunau/Kamp bei Gars/Kamp

Bahnverbindung: Regionalzug von Krems/Donau nach Sigmundsherberg bis Haltestelle Gars-Thunau

➜ *Wegverlauf:* Thunau/Kamp (298 m) – Wurzelsteig – Auf der Schanz (Ausgrabungen) (ca. 400 m) – Ruine Schimmelsprung – Kamp – Thunau/ Kamp

Stützpunkt: Gasthöfe in Thunau/Kamp

Was allen Spaß macht:
- Ausgrabungen aus der Bronzezeit auf der Schanz
- Ruine Schimmelsprung
- kleiner Waldbach

Karten: Freytag & Berndt WK 072

Gars ist ein hübscher Ort direkt am Kamp gelegen und heute mit Willi Dungls Bio-Trainingszentrum auch ein Hauptort des Waldviertler Gesundheitstourismus. Die früheste Besiedlung dieses Raumes erfolgte bereits in der Jungsteinzeit. Später errichteten Slawen „Auf der Schanz“, hoch über dem Kamptal, eine große Siedlung. Diese wurde aber im 11.Jh. von den Babenbergern zerstört. Gräberfunde zeigen, daß die damaligen Eroberer die ansässige Bevölkerung sehr grausam ermordeten. In den letzten Jahren legten Archäologen Reste der Stadt sowie der Befestigungsanlagen frei. Auf unserer Wanderung besuchen wir diese Ausgrabungen; einen rekonstruierten Wachtturm kann man sogar besteigen.

Die Ruine Schimmelsprung erreichen wir auf einem schmalen Waldweg. Sie wurde wahrscheinlich im 12. Jh. erbaut. An diese Burg knüpft sich die Sage jenes Tempelritters, der, von Feinden verfolgt, auf seinem Schimmel mit einem mächtigen Satz von der Burgmauer über die verblüfften Belagerer in den Tod sprang. Heute sind nur mehr wenige Grundmauern zu erkennen. Von diesen genießt man einen herrlichen Ausblick ins Kamptal. Auf dem Rückweg überqueren wir einen schmalen Bach und wandern schließlich am Fuß der hohen Burgfelsen und am Kamp entlang zu unserem Ausgangspunkt zurück.

Wegverlauf

Von Thunau am Kamp folgt man der blauen Markierung in Richtung Schimmelsprung und Schanz (Wegweiser). Zuerst ein kurzes Stück auf einer Asphaltstraße, dann auf breitem Waldweg bis zu einer Abzweigung, an der man nach links den Wegweisern zur Schanze und zur Ruine Schimmelsprung folgt. Man erreicht eine Wiese mit schönem Blick hinunter zum Kamp und auf Gars. Hier biegt nach rechts der Weg zu den Ausgrabungen „Auf der Schanz“ ab, nach links führt der Weg zur Ruine Schimmelsprung. Wir folgen dem leicht bergauf führenden Weg zur Schanz und erreichen die Ausgrabungen und den rekonstruierten Wachtturm. Nun wieder bis zur Abzweigung zur Ruine Schimmelsprung zurück und weiter auf schmalem, blau markiertem Weg bis zur Ruine. Von hier durch den Wald hinunter bis zum Kamp, den man in der Nähe der Ruine Klösterl (wenig lohnend) erreicht. Nun auf breitem Weg nach links den Kamp entlang zurück zum Ausgangspunkt. Insgesamt 2 Std., 150 Hm.

Besonderheiten in der Umgebung

- Burgruine Gars
- Gars am Kamp: Heimatmuseum Gars (u. a. Fundstücke der Ausgrabungen auf der Schanz), Hornerstr. 155, geöffnet: Mai–Okt.; Sa, Sa 10–12 und 16–18 Uhr
  Handelsmuseum im Rathaus, geöffnet: Mai–Okt.; Sa 10–12 Uhr und 16–18 Uhr, an Sonn- und Feiertagen 10–12 Uhr
- Burg Rosenburg.

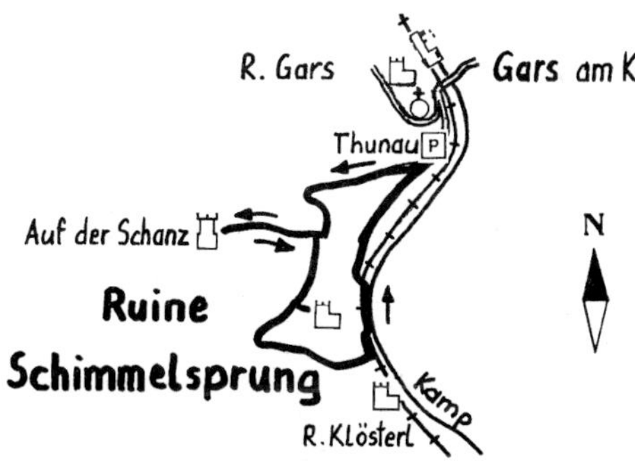

17 ROSENBURG

Gehzeit: 1 Std./

Der Räuberhauptmann und die Burg

Alter: ab 4 Jahre
Ausgangspunkt: Gh. Mann in Rosenburg
Bahnverbindung: Regionalzug von Krems/Donau nach Sigmundsherberg bis Haltestelle Rosenburg
➜ *Wegverlauf:* Gh. Mann (268 m) – Graslhöhle – Rosenburg (354 m) – Gh. Mann
Stützpunkt: Gh. Mann, Restaurant bei der Rosenburg
Was allen Spaß macht:
- Graslhöhle
- Rosenburg (Führung, Flugvorführung)

Karten: Freytag & Berndt WK 072

Die Rosenburg hoch über dem Kamptal wurde im 11. Jh. erbaut und im 16. Jh. zu einem Renaissanceschloß umgebaut. Die mächtige Burganlage umfaßt den größten Turnierplatz Europas – Turniere haben hier allerdings nie stattgefunden, denn als dieser Platz angelegt wurde, war die Zeit der großen Ritterspiele längst vorbei. Die höfische Gesellschaft amüsierte sich hier höchstens noch beim vornehmen Karussellreiten. Die Gemächer der Burg sind ebenfalls sehr sehenswert. Darin befinden sich reichhaltige Sammlungen von Möbeln, Bildern, Waffen und prähistorischen Funden. Wenn man heute diese so gut erhaltene Burg besichtigt, kann man sich nur schwer vorstellen, daß die Burganlage noch zu Beginn des 19. Jh. eine dachlose Ruine war. 1809 begann der damals 29jährige Graf Ernst Hoyos-Sprinzenstein die Burg zu renovieren. Der Wiederaufbau erfolgte nach alten Plänen und dauerte 20 Jahre. Heute ist die Burg noch immer im Besitz dieser Familie. Die Hauptattraktion der Rosenburg ist aber sicherlich die hier betriebene Falknerei. Auf der Aussichtsterrasse werden von Ostern bis 15. November täglich um 11 und 15 Uhr Edelfalken, Adler und Geier in Flugvorführungen gezeigt.
Bei unserer Wanderung erreichen wir die Rosenburg über einen interessanten Waldweg, der an der Graslhöhle vorbei führt. Diese Höhle erinnert an den Räuberhauptmann Johann Georg Grasl, um den sich noch heute zahlreiche Legenden ranken. Er lebte Anfang des 19. Jh. und bestritt seinen Lebensunterhalt mit Diebstahl, Einbruch und Raubzügen. Mit nur 28 Jahren wurde er gefaßt und endete am Galgen in Wien. Im Waldviertel gibt es heute noch zahl-

reiche Graslhöhlen, in denen dieser berühmt-berüchtigte Räuber Unterschlupf gefunden haben soll.

Wegverlauf

Vom Parkplatz beim Gh. Mann überquert man zuerst die Taffa auf der Autobrücke. Unmittelbar danach weist ein blauer Pfeil nach rechts zur Fußgängerbrücke über den Kamp. Nach der Brücke bei einer Weggabelung nach rechts (Wegweiser zur Rosenburg, rot markiert). Nun auf gutem Weg am Hang entlang bergauf, bis rechter Hand ein Weglein zur Graslhöhle führt. Dann weiter auf der roten Markierung bis zur Rosenburg.
Der Abstieg von der Rosenburg erfolgt zuerst auf dem gleichen Weg. Nach 100 m zweigt der Aufstiegsweg nach links ab (Wegweiser nach Rosenburg), wir gehen jedoch geradeaus weiter (Wegweiser nach Kamegg-Gars). Auf breitem Weg (gelb markiert) immer geradeaus, bis man den Bahndamm erreicht. Bei der nächsten Wegkreuzung folgt man dem blauen Pfeil nach links und geht auf schmalem Weg entlang dem Bahndamm, bis man die Fußgängerbrücke über den Kamp (und damit den bereits bekannten Weg) erreicht. Über diese zurück zum Ausgangspunkt. Insgesamt 1 Std., 90 Hm.

Besonderheiten in der Umgebung

Stift Altenburg, geöffnet: Ostern–Allerheiligen; tgl. 9–12 Uhr

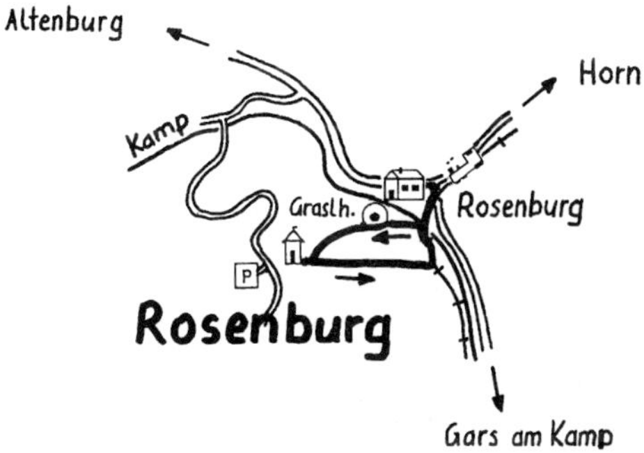

18 ÖDES SCHLOSS *Gehzeit:* 2,5 Std./

Abenteuer am Kamp

Alter: ab 6 Jahre

Ausgangspunkt: Rauschermühle beim Kraftwerk westlich von Rosenburg

Busverbindung: Bundesbus von Wien-Mitte nach Freistadt bis Haltestelle Altenburg-Stiftshof

→ *Wegverlauf:* Rauschermühle (266 m) – Hängender Stein (300 m) – Ödes Schloß – Rauschermühle

Stützpunkt: keiner

Was allen Spaß macht:
- Flußüberquerung auf Steinen
- Ruine (Ödes Schloß)
- Kletterfelsen

Karten: Freytag & Berndt WK 072

Auf seinem Weg von der Quelle bei Liebenau bis zur Mündung in die Donau bildet der Kamp mehrere Flußschlingen. Eine landschaftlich besonders schöne und naturbelassene Schlinge ist jene um den 352 m hohen Umlaufberg südlich von Altenburg. Interessant ist hier, daß Anfang und Ende der Flußschlinge nur ungefähr 200 m voneinander entfernt sind, dazwischen legt das Wasser des Kamps aber eine Strecke von 3 km zurück.
Wir beginnen unsere Rundtour beim Kraftwerk Rosenburg, welches bereits 1907 erbaut wurde. Zuerst wandern wir in Richtung „Hängender Stein“, einem beachtlichen Kletterfelsen. Schwierige Kletterrouten wurden hier durch zahlreiche Bohrhaken abgesichert. Für Kinder und weniger Geübte eignet sich der kleinere Block in unmittelbarer Nähe. Der Weiterweg führt uns zurück zum Kamp. Hier, beim Fischlehrpfad, überqueren wir den Fluß durch eine Furt. Über große Steine balancierend erreichen wir das andere Ufer. Eine Schautafel informiert über Bienenzucht und Honiggewinnung.
Das „Öde Schloß“ ist eine längst verfallene Burganlage hoch über dem Fluß, zu der wir nach einer kurzen Wegstrecke gelangen. Die Ruine ist fast zur Gänze überwuchert, nur noch wenige Mauerreste lassen sich erkennen. Wir steigen nun wieder zum Kamp ab und folgen auf einem schmalen Steig der Flußschlinge. Noch einige Male kommen wir an Felstürmen und düsteren Mauerresten vorbei, bis wir wieder zur Rauschermühle beim Kraftwerk gelangen.

Bei Benützung der öffentlichen Verkehrsmittel ist es ratsam, das Stift Altenburg als Ausgangspunkt zu wählen. Man folgt dann der gelben Markierung bis zum Kamp, wandert weiter zur Rauschermühle, zum Hängenden Stein und zum Öden Schloß und kehrt auf der gelben Markierung wieder zum Ausgangspunkt zurück.

Wegverlauf

Ausgangspunkt ist das Kraftwerk bei der Rauschermühle, welches man auf einer Asphaltstraße passiert, ehe man nach links auf einer Brücke den Kamp überquert (rote Markierung). Auf Waldweg weiter, an Felsblöcken entlang, bis zum Hängenden Stein. Nun auf demselben Weg wieder ein Stück zurück und dann auf einer Forststraße (rot markiert) zum Kamp, den man durch eine Furt überqueren kann. Auf der anderen Seite geradeaus weiter bergauf (unmarkiert), bis man auf die rote Markierung stößt, die nach links zum Öden Schloß führt. Von diesem auf demselben Weg zurück, und nun, weiter der roten Markierung folgend, bis zum Kamp und rund um die Kampschlinge zurück zum Ausgangspunkt. Insgesamt 2,5 Std., 100 Hm.

Besonderheiten in der Umgebung

- Burg Rosenburg
- Stift Altenburg; Stiftssammlungen geöffnet: Ostern–Allerheiligen; tgl. 9–12 Uhr.

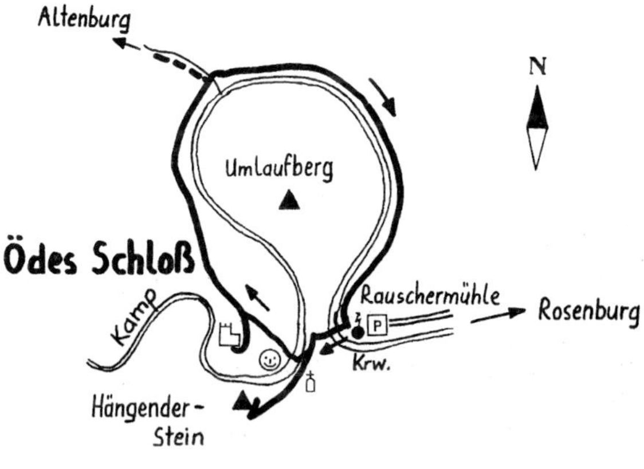

19 RUINE SCHAUENSTEIN *Gehzeit:* 1,5 Std./

Wo der Teufel zu Hause war

Alter: ab 5 Jahre
Ausgangspunkt: Parkplatz der Ruine Schauenstein in Krug bei Neupölla
Busverbindung: Bundesbus von Wien-Mitte nach Freistadt bis Haltestelle Krug
Wegverlauf: Parkplatz (500 m) – Ruine Schauenstein (500 m) – Kamp (340 m) – Parkplatz
Stützpunkt: keiner
Was allen Spaß macht: Burgruine mit Bergfried
Karten: Freytag & Berndt WK 072

Die Burgruine Schauenstein ist wohl eine der romantischsten Ruinen im Waldviertel. Sie thront hoch über dem Kamptal, kein Haus, kein Zeichen von Zivilisation ist von ihrem Bergfried aus zu sehen. Man hat den Eindruck, als schaue man in eine riesige Urwaldwildnis, die tief unten im Tal vom Kamp durchschnitten wird.
Erbaut wurde die Burg im 12. Jh. von „Poppo de Sowenstaine"; noch heute ranken sich zahlreiche Sagen um diese Anlage. So soll der Teufel hier sein Unwesen treiben, auch soll man durch einen unterirdischen Geheimgang zum Kamp gelangen können.
Die Ruine ist heute so weit renoviert, daß man gefahrlos die verfallenden Gemäuer entdecken kann. Den fünfeckigen Bergfried kann man besteigen, wenn man sich vorher den Schlüssel im Ort im Haus Nr. 15, von 9–12 Uhr und 14–16 Uhr, ausgeborgt hat.
Der Weg zur Ruine führt durch Wald, anschließend über eine kleine Wiese – von hier aus ist der mächtige Hauptturm schon gut sichtbar. Nach der Besichtigung der Ruine kann man zum Kamp absteigen. Bei einer Weggabelung wendet man sich nun entweder nach links, direkt zum Ufer des Kamps, um an diesem noch ein wenig entlangzuwandern – hier gibt es auch immer wieder für Kinder Gelegenheit, am Fluß zu spielen –, oder man geht nach rechts und erreicht nach wenigen Minuten einen Bach, den man durch eine Furt überqueren kann. In beiden Fällen empfiehlt es sich, nach Belieben umzukehren und auf demselben Weg wieder zurückzukehren. Der Weiterweg nach Wegscheid oder nach Steinegg bedeutet für Kinder eine sehr lange Wanderung. Von diesen Orten aus gelangt man außerdem nur recht mühsam zum Ausgangspunkt zurück.

Wegverlauf

Vom Parkplatz den Wegweisern folgend zuerst auf einer Asphaltstraße, dann auf einer Forststraße (rot markiert) bis zu einer Weggabelung. Hier wendet man sich nach links in Richtung der bereits sichtbaren Ruine Schauenstein. Kurz darauf erreicht man die Abzweigung des Weges zum Kamp. Wir gehen aber geradeaus weiter und gelangen in wenigen Minuten zur Ruine. Nach Besichtigung der Ruine gehen wir bis zur Abzweigung zurück und steigen nach links hinunter zum Kamp. Bei einem verfallenen Haus trifft man auf den Weg Nr. 620, der den Kamp entlang führt. Wir verfolgen den Weg nach rechts in Richtung Wegscheid und kommen nach 200 m an einen Bach, der in den Kamp mündet. Hier gibt es eine kleine Furt, die sich gut zum Spielen am Bach eignet. Nun entweder noch weiter auf dem Weg in Richtung Wegscheid oder auf demselben Weg zurück zum Ausgangspunkt. Insgesamt 1,5 Std., 160 Hm.

Besonderheiten in der Umgebung

- Stift Altenburg; Stiftssammlungen geöffnet: Ostern–Allerheiligen; tgl. 9–12 Uhr
- Schloß Greillenstein in Röhrenbach, geöffnet: April–Okt. tgl. 9–17 Uhr; Juli, Aug. 9–18 Uhr
- Dobra-Stausee mit Ruine Dobra

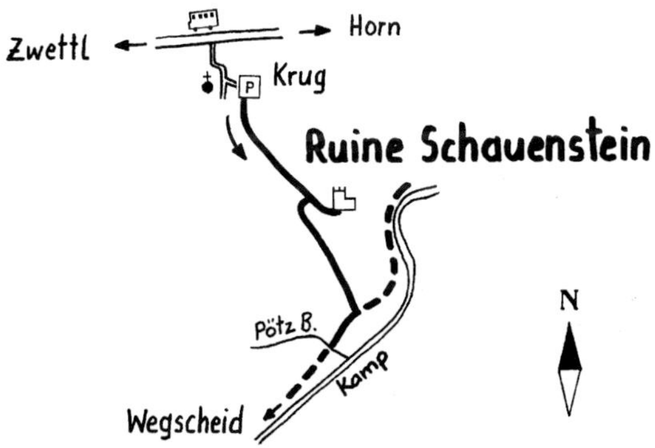

Kletterfelsen beim „Hängenden Stein" (Tour 18)

Abenteuerliche Flußüberquerung (Tour 18)

Ruine Schauenstein (Tour 19)

Venus von Eggenburg (Tour 20)

20 KOGELSTEINE BEI EGGENBURG

Gehzeit: 1 Std./

Vom Herrgottsitz zur Venus von Eggenburg

Alter: ab 4 Jahre
Ausgangspunkt: nördliches Ortsende von Grafenberg bei Eggenburg (vom Bahnhof ca. 30 Min.)
Bahnverbindung: Franz-Josefs-Bahn bis Bahnhof Grafenberg
Wegverlauf: Grafenberg (306 m) – Kogelstein (336 m) – Grafenberg
Stützpunkt: keiner
Was allen Spaß macht: bizarre, sagenumwobene Felsblöcke
Karten: Freytag & Berndt WK 073

Östlich von Eggenburg wechseln Felder und Weingärten mit mageren Trockenrasenflächen und bewaldeten Kuppen. Hier finden wir ganz außergewöhnliche Naturdenkmäler. Auf einem baumbestandenen Hügel ragt die „Feehaube" in den Himmel – ein auf einer hohen Felsunterlage aufliegender runder Findling. Daneben liegt – im Wald verborgen – ein Schalenstein, der „Herrgottsitz". Etwa 200 m von diesen Steingebilden entfernt steht auf einem kahlen Hügel die „Venus von Eggenburg", eine Felsformation, die einer überdimensionalen Frauenstatue gleicht. Es ist nicht nur für Kinder interessant, diese Felsen zu ersteigen. Die Sage erzählt, daß diese Steine einst dem Teufel aus seiner Schürze fielen.
Im nahegelegenen Eggenburg sollte man unbedingt das Krahuletz-Museum besuchen. Es beherbergt volkskundliche, ur- und frühgeschichtliche Schausammlungen und Sonderausstellungen. Hier beginnt auch der Wanderweg „Erdgeschichte selbst erleben" um Eggenburg, der zu Fossilienfundstätten und geologisch interessanten Plätzen führt. Mit ein bißchen Glück und Aufmerksamkeit kann man an den angegebenen Fundorten urzeitliche Haifischzähne oder versteinerte Muscheln finden. Informationen über das Naturschutzgebiet Kogelsteine und über den Geologiewanderweg gibt es im Museum. Geöffnet ist dieses täglich von 9–17 Uhr (Tel. 0 29 84/34 00).

Wegverlauf

Von Grafenberg geht man in nördlicher Richtung auf Feldwegen zu der bereits von weither sichtbaren Felsformation der „Venus von Eggenburg“ auf dem Kogelberg. Von hier sieht man bereits in westlicher Richtung die nächste bewaldete Erhebung mit den Felsformationen der „Feehaube“ und des „Hergottsitzes“. Diese erreicht man am besten, indem man über Felder und entlang der Weingärten direkt auf die Felsengruppe zuhält und den Weg mit der roten Markierung links liegen läßt. Man erreicht zuerst die „Feehaube“, die aus mehreren übereinandergeschichteten Steinen besteht, deren oberster die Form einer Haube hat, und ca. 30 m davon entfernt von ihr den im Wald gelegenen flachen Stein mit dem „Herrgottsitz“. Der Rückweg zum Ausgangspunkt erfolgt auf dem gleichen Weg. Insgesamt 1 Std., 50 Hm.

Besonderheiten in der Umgebung

Motorrad- und Technikmuseum, Museumsgasse 6, geöffnet: Mo–Fr. 8–16 Uhr, Sa, So und an Feiertagen 10–17 Uhr.

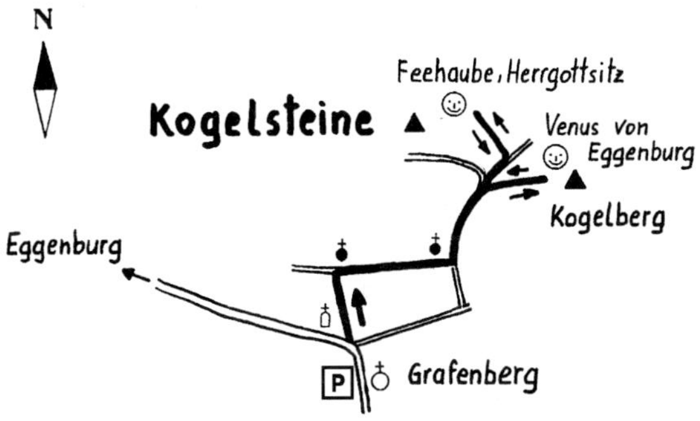

21 PULKAUTAL

Gehzeit: 2 Std./

Hoher Wald und tiefes Tal

Alter: ab 5 Jahre

Ausgangspunkt: Parkplatz beim Waldbad im Westen von Pulkau

Busverbindung: Bundesbus von Retz Hauptplatz bis Haltestelle Pulkau Hauptplatz

➜ *Wegverlauf:* Pulkau (289 m) – Hochkogel (350 m) – Bründlkapelle – Pulkautal – Pulkau

Stützpunkt: keiner (die auf der Karte eingezeichneten Gasthäuser sind leider nicht mehr bewirtschaftet)

Was allen Spaß macht:
- Gipfelkreuz
- Weg am Bach entlang

Karten: Freytag & Berndt WK 073

Durch den kunsthistorisch äußert bemerkenswerten alten Markt Pulkau fließt der Pulkaubach aus dem Hochland des Waldviertels in die hügelige Weingegend. Schöne Wälder begrenzen den schluchtartigen Tallauf. Unsere Wanderung führt uns durch das Landschaftsschutzgebiet Pulkautal und über die angrenzenden Hochflächen. Auch ein richtiger Gipfel wird bestiegen; auf dem 350 m hohen Hochkogel wurde ein strahlend weißes Gipfelkreuz errichtet. Weiters besuchen wir die „Bründlkapelle“, eine Wallfahrtskapelle aus dem Jahr 1724 mit Heilbrunnen unter mächtigen Laubbäumen. Das Kircherl steht auf einer unterhöhlten Kalkplatte. Der Weg führt uns durch die Weingärten wieder zurück zum Pulkaubach. Hier kann man noch einen Abstecher auf die Teufelswand unternehmen. Den Bach überquert man mehrmals auf Brücken, bis man wieder den Ausgangspunkt erreicht. Hier befinden sich auch ein großer Sportplatz und ein Freibad mit Spielplatz und Imbißstube.

Wegverlauf

Vom Ausgangspunkt auf einer schmalen asphaltierten Straße am Campingplatz und an einem Bauernhof mit Pferden und anderen Tieren vorbei, bis der rot markierte Weg nach rechts in den Wald abzweigt. Kurz bevor er bei einer Holzbrücke auf den Pulkaubach trifft, zweigt nach links die rote Markierung zum Hochkogel ab. Dieser folgen wir und erreichen nach kurzem Aufstieg den Gipfel mit einem kleinen steinernen Gipfelkreuz. Nun geht es bergab durch Felder zur Bründlkapelle. Hier nach rechts durch die Felder dem manchmal nur schlecht markierten Weg Nr. 2 folgend bis zur Rafinger Heide und hinunter ins Pulkautal. Dieses erreicht man bei einer großen Wiese, von der ziemlich versteckt die rote Markierung hinauf zur Ruine Neudegg abzweigt (nur wenig lohnend). Der Weiterweg folgt dem Pulkaubach, wobei mehrmals der Bach gequert wird. Nach der Peschtamühle tauchen links die Felsen der Teufelswand auf, und bald darauf erreicht man eine Weggabelung. Nach links zweigt eine steiler Weg zur Teufelswand ab, nach rechts die rote Markierung über die bereits bekannte Holzbrücke Richtung Hochkogel. Geradeaus führt der breite Fahrweg durch Laubwald und Aubestände zurück zum Ausgangspunkt. Insgesamt 2 Std., 100 Hm.

Besonderheiten in der Umgebung

Freizeitanlage in Pulkau mit Freibad und Minigolfanlage

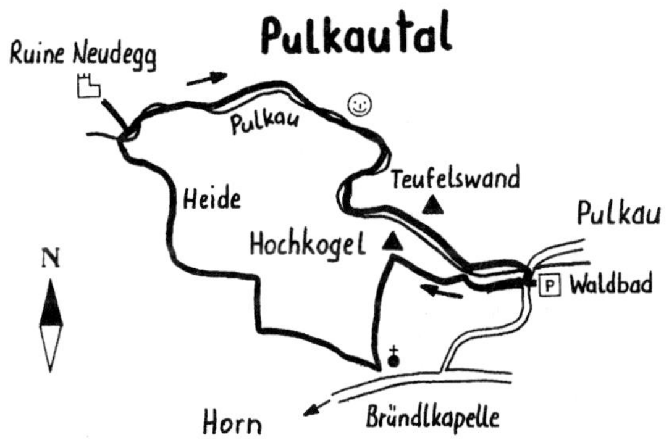

22 OTTENSTEINER STAUSEE *Gehzeit:* 1 Std. /

Wie kommt die Burg ins Wasser?

Alter: ab 5 Jahre
Ausgangspunkt: Parkplatz auf der Südseite der Brücke bei Lichtenfels
Busverbindung: Bundesbus von Wien-Mitte nach Freistadt bis Haltestelle Abzw. Lichtenfels
Wegverlauf: Brücke bei Lichtenfels – Bootsverleih Ottensteiner Stausee – retour
Stützpunkt: Restaurant beim Bootsverleih
Was allen Spaß macht:
- Weg am See entlang
- Bootsfahrt (Bademöglichkeit)

Karten: Freytag & Berndt WK 072

Schon seit den Anfängen der Besiedlung des Kamptals wurde der Fluß zur Energiegewinnung genutzt. Das günstige Gefälle und die gute Wasserführung dieses Mittelgebirgsflusses ermöglichten das Betreiben von Mühlen und Sägewerken.
Bereits in der Zwischenkriegszeit entstanden Pläne, diese Voraussetzungen zur Stromgewinnung in größerem Maßstab zu nutzen. Nach dem Ende des 2. Weltkriegs beschloß man den Bau der Kraftwerksgruppe Thurnberg-Wegscheid, Dobra-Krumau und Ottenstein. Die Bauzeit dauerte von 1948 bis 1956. Thurnberg und Dobra wurden gleichzeitig geplant und errichtet, der Bau des Kraftwerks Ottenstein erfolgte danach. Das Wasser wird jeweils durch Staumauern in den Speicherbecken aufgestaut, wobei hier die Kuppelmauer des Ottensteiner Stausees mit 65 m Höhe die höchste der drei Talsperren ist.
Die Stauseen und ihre Umgebung sind heute ein großes Erholungsgebiet. Bootsverleihe, Campingplätze und Gaststätten am Seeufer bieten die nötige Infrastruktur für den Fremdenverkehr.
Unser Wanderweg führt entlang dem Ufer des Ottensteiner Stausees vom Parkplatz an der Straße bis zum Bootsverleih gegenüber der Burg Lichtenfels. Den Abschluß bildet ein erfrischendes Bad oder eine lustige Bootsfahrt auf dem Stausee.

Wegverlauf

Vom Parkplatz auf roter Markierung nach Osten. Meist am See entlang, vorbei an Rastplätzen mit Tischen und Bänken. Nach 10 Min.

stößt man auf eine Forststraße, die man nach links verfolgt (rote Markierung). Kurz darauf endet die Forststraße, und der Weg führt wieder an das Ufer des Sees heran. Dann geht es aufwärts, bis die Häuser von Peygarten-Ottenstein sichtbar werden. Nun im rechten Winkel nach links zum See hin abbiegen (gut markiert) und das letzte Stück sehr schön am Ufer entlang bis zum Bootsverleih.
Der Rückweg erfolgt auf demselben Weg. Insgesamt 1 Std., 100 Hm.

Besonderheiten in der Umgebung

- Ruine Lichtenfels
- Schloß Ottenstein
- Burg Rastenberg

Felsen im Ottensteiner Stausee (Tour 22)

Bootsverleih am Ottensteiner Stausee (Tour 22)

Der Kamp bei Roiten (Tour 24)

Die Burg Rappottenstein (Tour 25)

23 SCHWARZALM *Gehzeit:* 2 Std./

Ein Ausflug für Gemütliche

Alter: ab 4 Jahre

Ausgangspunkt: Abzweigung des Wanderweges Nr. 12 an der Straße von Zwettl nach Großgerungs (Bundesstr. Nr. 38), kurz vor der Abzweigung der Straße nach Gschwendt, Uttissenbach, bei Km 46,4

Busverbindung: Bundesbus von Wien-Mitte nach Freistadt bis Haltestelle Gschwendt Abzw.

➜ *Wegverlauf:* Ausgangspunkt (600 m) – Gschwendtmühle (530 m) – Schwarzalm (588 m) – Kraftwerk am Kamp (520 m) – Gschwendtmühle – Ausgangspunkt

Stützpunkt: Restaurant auf der Schwarzalm

Was allen Spaß macht:
- Spielplatz bei der Schwarzalm
- schmaler Pfad am Kamp entlang

Karten: Freytag & Berndt WK 111

Diese Wanderung sollte unternehmen, wer einmal Lust zu einem unbeschwerten Spaziergang hat, unterwegs gemütlich einkehren und die Kinder auf einem Spielplatz beschäftigt wissen möchte.
An heißen Tagen kann der Erholungswert durch ein Bad im Löschteich, unterhalb der Schwarzalm, sogar noch gesteigert werden. Dieses betonierte Wasserreservoir gleicht einem überdimensionalen Planschbecken, in dessen Mitte ein Felsblock als Insel plaziert wurde.
Leider ist es nicht ganz leicht, den Ausgangspunkt dieser Wanderung zu finden. Kein Wegweiser, kein Schild deutet an der Straße von Zwettl nach Großgerungs darauf hin, zu welch reizvollem Ziel so eine unscheinbare Wegabzweigung führen kann. Man beachte daher genau die Kilometerangaben am Straßenrand. Der Weg ist wirklich sehr gut markiert, aber dies erst ab 20 m nach der Abzweigung von der Straße – und diese Markierungszeichen sieht man aus einem fahrenden Auto wohl kaum.
Zuerst folgen wir dem schmalen, schön angelegten Waldweg. Bald erreicht man eine große Wiese mit einem Fischtümpel. Weiter geht es im Wald bis zu einem kleinen Bach. Die Überquerung dieses Baches hat aber so ihre Tücken: die wenigen Meter bergab sind sehr sumpfig. Über die Gschwendtmühle, die heute freilich nicht mehr als solche

verwendet wird, erreichen wir den Stützpunkt und Höhepunkt unserer Rundwanderung. Der Rückweg führt uns noch zu einem Kraftwerk am Ufer des sanft dahinfließenden Kamps – von hier aus wird unser Weg zu einem schmalen Pfad, der abwechselnd durch Brennesseln und Himbeersträucher führt –, zu einer „halben" Brücke und zu einem kleinen Wasserwehr. Ab der Gschwendtmühle kennen wir bereits den Weg zurück zum Ausgangspunkt.

Wegverlauf

Der Ausgangspunkt liegt an der Bundesstraße Nr. 38 von Zwettl nach Großgerungs bei Km 46,4 an der linken Straßenseite, kurz vor der Abzweigung nach Gschwendt-Uttissenbachmühle.
Die ersten 10 Meter des Weges sind noch asphaltiert, dann findet man bereits an zwei Bäumen große rote Pfeile und eine rote Markierung mit der Wegnummer 12. Man folgt der roten Markierung, vorbei an einem Tümpel bis zu einem Bach. Diesen überquert man, und weiter auf schmalem Waldweg bis zu einer Asphaltstraße. Hier nach links bis zur Gschwendtmühle. Über eine kleine Brücke über den Kamp und nun dem Wegweiser folgend bergauf zur Schwarzalm. Der Löschteich befindet sich auf der anderen Straßenseite, unterhalb des Parkplatzes.
Am östlichen Ufer des Teichs führt der Weg wieder in den Wald, und man gelangt nach wenigen Metern zu einem Wegweiser. Hier wendet man sich nach links, auf Weg Nr. 1 in Richtung Kraftwerk. Ab diesem nach links, rot markiert, zur Gschwendtmühle. Nun auf bereits bekanntem Weg wieder zurück zum Ausgangspunkt. Insgesamt 2 Std., 150 Hm.

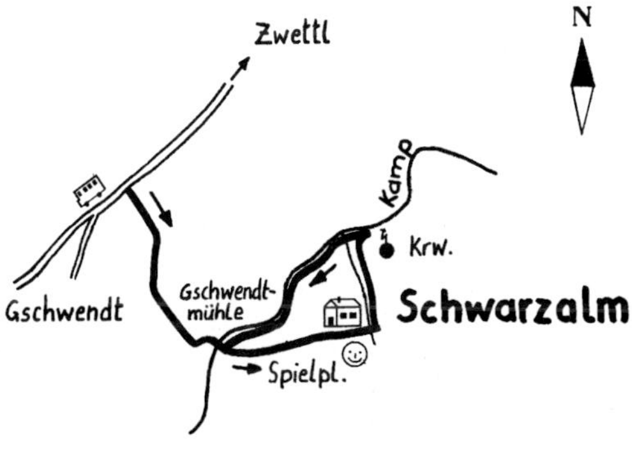

24 HOHER STEIN *Gehzeit:* 1,5 Std./

Granitblock mit Gipfelkreuz

Alter: ab 5 Jahre

Ausgangspunkt: Uttissenbachmühle an der Straße von Gschwendt nach Rottenstein

Busverbindung: Dieser Ausgangspunkt ist mit öffentlichen Verkehrsmitteln nicht zu erreichen

Wegverlauf: Uttissenbachmühle (552 m) – Hoher Stein (659 m) – Kamp – Uttissenbachmühle

Stützpunkt: keiner

Was allen Spaß macht:
- Gipfelfelsen mit Klettersteig und Gipfelkreuz
- romantischer und verblockter Kamp

Karten: Freytag & Berndt WK 111

Diese gemütliche Kampwanderung bietet uns sogar einen richtigen Gipfel mit Gipfelkreuz, den man über einen kleinen, nicht allzu schwierigen Klettersteig erreicht. Anfangs führt der Weg den Fluß entlang, zweigt aber bald in Richtung Weißenbachklamm ab. Wir durchwandern aber nicht diese bescheidene Klamm, sondern wenden uns durch ausgedehnte Heidelbeersträucher in Richtung Hoher Stein. Zur Heidelbeerzeit ist dieser Weg, wie so oft im Waldviertel, ein kulinarisches und vitaminreiches Erlebnis. Der farbintensive rotblaue Saft dieser Beeren hinterläßt sicherlich auch bei dieser Wanderung wieder bleibende Erinnerungen in unserer Wanderbekleidung. So gestärkt gelangt man dann doch an den Fuß des Gipfelfelsens. Einige Eisenklammern helfen uns den runden Buckel dieses Granitblocks zu ersteigen. Der Abstieg führt auf einem schönen Waldweg wieder hinunter zum Kamp. Hier kann man sich nun entscheiden, ob man die Wanderung noch ausdehnen möchte und dem Fluß bis Roiten folgt und dann am anderen Ufer wieder zurückwandert, oder ob man sich doch besser wieder nach rechts wendet und gemütlich zur Uttissenbachmühle zurückkehrt. Insgesamt 1,5 Std., 107 Hm.

Wegverlauf

Von der Uttissenbachmühle auf einer Forststraße am Kamp entlang (rote Markierung), bis man nach wenigen Minuten eine Brücke

erreicht (Wegweiser zum Hohen Stein, rot markiert). Nun über die Brücke und nach wenigen Minuten bei einer Abzweigung nach links (Wegweiser zum Hohen Stein, Weißenbachklamm). Auf breitem Weg weiter, bis ein Weg nach rechts zum Hohen Stein abzweigt (Wegweiser). Auf diesem steil bergauf bis zu einer Wegkreuzung. Hier nach rechts dem roten Pfeil folgend, bis ein schmaler Weg nach links zu den Gipfelfelsen abzweigt (Wegweiser). Die letzten Meter über einen leichten Klettersteig zum Gipfelkreuz. Nun auf gleichem Weg wieder zurück bis zur Abzweigung und dann nach links bergab zum Kamp. Nun den Kamp entlang zurück zum Ausgangspunkt.
VARIANTE: Die Wanderung läßt sich nach Roiten verlängern: Man folgt in diesem Fall dem Kamp stromaufwärts auf rot markiertem Weg bis Roiten (zusätzlich 2 Std.).

Besonderheiten in der Umgebung

- Dorfmuseum in Roiten (geöffnet vom 1. Mai–30. Sept., tägl. außer Montag von 13.30–17.00 Uhr, an Sonn- und Feiertagen auch von 9.00–11.00 Uhr)
- Burg Rappottenstein (Führungen vom 1. Mai–30. Sept. tägl. außer Mo um 10, 11, 14, 15, 16 und 17 Uhr)
- Stift Zwettl; die Stiftführung ist auch für Kinder sehr interessant! Geöffnet: 1. Mai–31. Okt., Führungen Mo–Sa 10, 11, 14 und 15 Uhr, am Sonntag 11,14, 15 Uhr, von Juli bis September zusätzlich um 16 Uhr, Besichtigung nur mit Führung möglich.

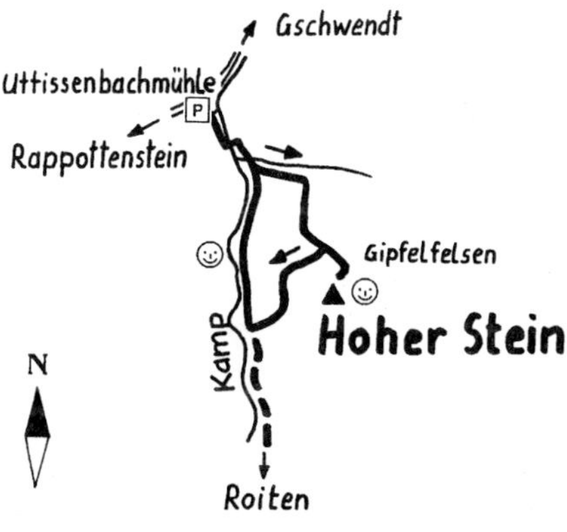

25 BURG RAPPOTTENSTEIN *Gehzeit:* 1,5 Std./

Guterhaltene Burg und schöner Bach

Alter: ab 5 Jahre

Ausgangspunkt: Parkplatz 1 km südl. von Rappottenstein an der Straße von Rappottenstein nach Traunstein

Busverbindung: Bundesbus von Wien - Mitte nach Freistadt bis Haltestelle Rappottenstein

Wegverlauf: Parkplatz (630 m) – Kl. Kamp – Burg Rappottenstein (701 m) – Fischer-Häusl – Kl. Kamp – Parkplatz

Stützpunkt: Burgrestaurant Rappottenstein

Was allen Spaß macht:
- verblockter Bach
- guterhaltene Burg

Karten: Freytag & Berndt WK 072

Rapoto von Kuenring begann im 12. Jh. auf einem steil abfallenden Felskopf diese heute noch so mächtige Burg über dem Kleinen Kamp zu erbauen. Die fünfhöfige Verteidigungsanlage kann man als Lehrbeispiel des Burgenbaus vom 12. bis 16. Jh. ansehen, bis zu 3 m dicke Mauern sicherten die fünf Innenhöfe und die Gemäuer dieses Herrschaftssitzes.
Die Festung wurde im Laufe der Geschichte des öfteren belagert, aber nie eingenommen. Größere Schäden wurden ihr nur durch Naturgewalt zugefügt. So erschütterte sie 1749 ein gewaltiges Erdbeben, die Mauern erlitten dabei große Risse und Sprünge. Heute befindet sich die Burg aber wieder in einem tadellosen Zustand und kann während einer Führung besichtigt werden (vom 1. Mai bis 30. September, tägl. außer Mo, um 10, 11, 14, 15, 16 und 17 Uhr). Besonders sehenswert ist die Burgkapelle im wuchtigen Torgebäude über der Einfahrt sowie der „Archivraum“ mit Fresken aus der Zeit um 1500. Mehr bedrückend als sehenswert sind die Verliese, weitläufige naßkalte Höhlen, die man in den Bergfriedfelsen sprengte. Folterkammern und Richtplatz lassen erahnen, wie grausam die Gerichtsbarkeit in dieser Zeit vollzogen wurde.
Wir erreichen den Burgfelsen über einen abwechslungsreichen Weg. Zuerst wandern wir am dicht verblockten Kleinen Kamp entlang. Eine kleine Brücke leitet zu einem schönen Rastplatz am Flußufer. Wir folgen aber dem gut markierten Weg steil bergauf, vorbei an großen Futterwiesen, und schon bald stehen wir vor dem

großen Burgtor. Weiter führt der Weg auf einer Forststraße; die Granitblöcke am Wegrand eignen sich hier gut zum Erklettern. Das Tal des Kleinen Kamps erreichen wir wieder auf einem schmalen Waldweg, der vorbei an gewaltigen Felsformationen bergab führt. Benützer öffentlicher Verkehrsmittel wandern zuerst von Rappottenstein auf der roten Markierung Nr. 612, 665 bis zum Kl. Kamp.

Wegverlauf

Vom Parkplatz folgt man der roten Markierung nach rechts den Kl. Kamp entlang. Nach fünf Minuten zweigt ein blau markierter Weg nach links zur Burg Rappottenstein ab. Auf diesem steil bergauf bis zur Burg. Nach der Besichtigung nun weiter zum Parkplatz bei der Burg. Hier zweigt nach rechts ein rot markierter Weg in Richtung Schönbach (Wegnr. 612) ab. Nun auf der Forststraße entlang, vorbei an einem Marterl und an einer Wiese. Am Ende der Wiese (kurz vor einer Hütte) zweigt nach rechts ein Weg ab, der anfangs entlang einer Telegrafenleitung führt (schlecht markiert bei der Abzweigung!). Auf breitem, im späteren Verlauf gut gelb markiertem Weg bis zu einer Rechtskurve. Hier nun nach links in den Wald und auf einem schmalen Steig, immer gut markiert (gelb), bergab bis zum Kl. Kamp. Jetzt nach rechts und auf grün markiertem breitem Weg entlang dem Fluß zurück zum Ausgangspunkt. Insgesamt 1,5 Std., 100 Hm.

Besonderheiten in der Umgebung

Waldbad in Rappottenstein

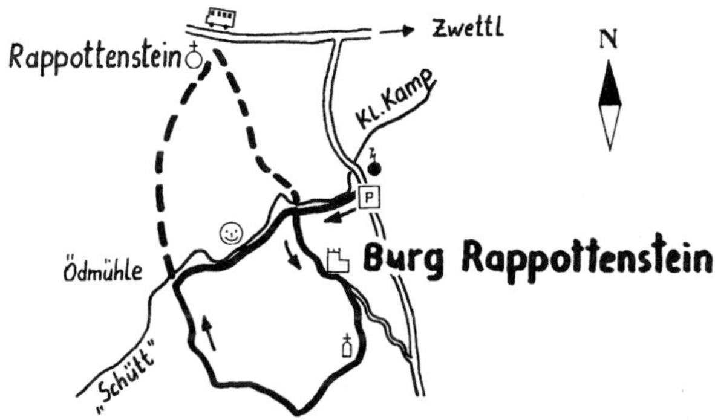

26 LOHNBACHFALL *Gehzeit:* 1,5 Std./

Ein Wasserfall unter Granitblöcken

Alter: ab 5 Jahre

Ausgangspunkt: Parkplatz Lohnbachfall an der Straße von Pehendorf nach Schönbach

Busverbindung: Dieser Ausgangspunkt ist mit öffentlichen Verkehrsmitteln nur schlecht zu erreichen

Wegverlauf: Parkplatz (640 m) – Lohnbachfall – große Wiese (720 m) – Lohnbachfall – Parkplatz

Stützpunkt: keiner

Was allen Spaß macht:
- Steiganlage durch Klamm
- abenteuerliche Bachdurchquerung

Karten: Freytag & Berndt WK 111

Der Lohnbachfall in der Nähe von Petrobruck bei Arbesbach ist wohl eine der romantischsten Naturschönheiten im Waldviertel. Der Lohnbach stürzt hier teilweise über hausgroße Granitblöcke in die Tiefe oder sucht sich unter den Felsen seinen Weg. Durch die Klamm führt ein gut angelegter Steig; Drahtseile, Holzstufen und Eisenklammern helfen größere Felsstufen zu überwinden. In der „Steinernen Stube", dem wildesten Teil der Schlucht, verschwindet der Bach gänzlich unter den riesigen Blöcken. Haben wir diese Steilstufe überwunden, so laden an besonders schönen Plätzen Tische und Bänke zum Rasten ein. Der Bach fließt hier immer in der Nähe des Weges, so daß es viele Möglichkeiten zum Spielen am Wasser gibt. Auf unserem Weg müssen wir diesen Bach einmal ohne Brücke überqueren. Ist die Furt auch sehr seicht, so ist es doch ratsam, die Durchquerung barfuß zu wagen. Ein kleines Handtuch im Rucksack kann hier gute Dienste erweisen. Weiter geht es über eine große Wiese zu zwei eingezäunten Teichen. In einem davon steht ein Blockhäuschen: ein Schrebergartenhaus mitten in einem Teich! Auf unserem Rückweg begehen wir die Klamm des Lohnbachfalls in umgekehrter Richtung und wandern schließlich entlang ausgedehnter Weiden zum Parkplatz zurück.

Wegverlauf

Vom Parkplatz aus auf einer Forststraße eben entlang an Futterwiesen bis zum Beginn der Lohnbachschlucht (grün und blau markiert). Hier nun über eine Steiganlage am Lohnbach entlang in die

Steinerne Stube und weiter bis zu einer Wegkreuzung mit der roten Markierung bei einer kleinen Brücke über den Lohnbach. Jetzt geradeaus weiter entlang einer Wiese, bis der Weg nach rechts in den Wald führt (rote Markierung). Kurz danach trifft man auf eine Forststraße (Wegweiser in Richtung Lohnbachfall) und wendet sich nach links zu einer kleinen Furt. Hier über den Bach und weiter bis zu einer asphaltierten Straße bei zwei eingezäunten Teichen. Nun nach links; nach 100 m nochmals nach links und auf roter Markierung zurück bis zum Brückerl über den Lohnbach. Von hier auf bereits bekanntem Weg bergab durch die Lohnbachschlucht bis zum Ausgangspunkt. Insgesamt 1,5 Std., 80 Hm.

Besonderheiten in der Umgebung

- Burg Rappottenstein (Führungen vom 1. Mai–30. Sept. tägl. außer Mo, um 10, 11, 14, 15, 16 und 17 Uhr)
- Höllfall bei Petrobruck
- Burgruine Arbesbach („Stockzahn des Waldviertels“)
- Museum „Alte Hammerschmiede“, Arbesbach Kamp 19; ein Schmiedeführer kann mittels Knopfdruck via Piepserl gerufen werden.

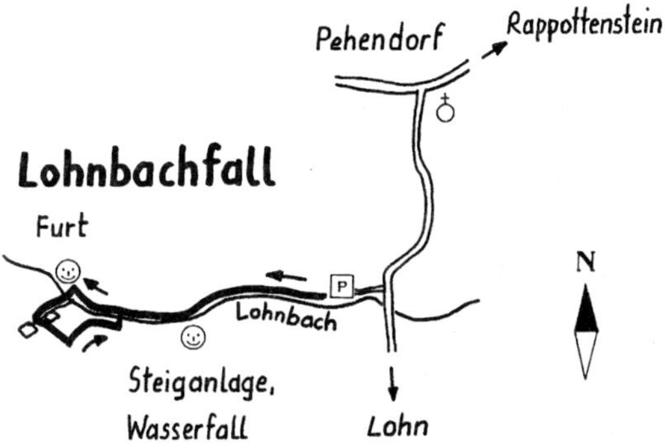

27 WIEGENSTEIN

Gehzeit: 2 Std./

Die unbeweglichsten Wackelsteine des Waldviertels

Alter: ab 5 Jahre

Ausgangspunkt: Hauptplatz in Traunstein

Busverbindung: Bundesbus von Wien-Mitte nach Schönbach bis Haltestelle Traunstein PA bzw. mit Bundesbus ab Spitz Bhf. nach Schönbach bis Haltestelle Traunstein

➜ *Wegverlauf:* Hauptplatz (923 m) – Kirche – Wachtstein (950 m) – Franzosenstein – Wiegenstein (870 m) – Hauptplatz

Stützpunkt: Gasthäuser am Hauptplatz

Was allen Spaß macht:
- Wackelsteine
- versicherter Weg auf den Wachtstein

Karten: Freytag & Berndt WK 071

Der Wiegenstein ist nur einer von zahlreichen Wackelsteinen rund um Traunstein, die sich meistens nicht einen Millimeter in Bewegung setzen lassen. Auf unserer Wanderung besuchen wir die eindrucksvollsten in diesem Gebiet, und jeder einzelne ist auf seine Art eigenartig. Schon der Ort unseres Ausgangs wartet mit einigen Besonderheiten auf. In Traunstein lebt und wirkt der „Bildhauerpfarrer" Josef Elter; seine Skulpturen findet man rund um die Kirche und auf dem anschließenden Ausstellungsgelände. Ein kleines Museum gibt Einblick in das Schaffen dieses Künstlers. Die moderne Kirche, die ebenfalls auf Initiative dieses Pfarrers erbaut wurde, beeindruckt mit ihrer Holzinnendecke. Oberhalb des Friedhofs türmen sich bereits die Felsen des Wachtsteins. Viele Sagen ranken sich um diesen Granitaufbau, auf den ein kleiner Felssteig unschwierig hinaufführt. Unweit von hier liegen auf einer Wiese die beiden Granitblöcke des Franzosensteins. Der obere wird wahrscheinlich bald hinunterkippen, man müßte nur kräftig genug sein, um ihm den letzten „Ruck" zu geben – probieren Sie es doch, vielleicht schaffen Sie es!

Der „Wiegenstein" liegt ein wenig versteckt im Wald, und angeblich hat er auch wirklich einmal gewackelt. Jetzt scheint er aber bereits eine sehr stabile Lage gefunden zu haben, denn selbst unter Einsetzen unserer vereinten Kräfte rührte sich dieser Block nicht im mindesten.

Kleine Informationstafeln bei den Steinen erzählen Interessantes über diese Felsgebilde sowie kurze jeweils dazupassende Geschichten.

Wegverlauf

Vom Hauptplatz in Traunstein wendet man sich zuerst in Richtung Kirche, die man unbedingt besichtigen sollte. Weiter entlang der Friedhofsmauer und danach sofort rechts hinauf zum bereits sichtbaren Wachtstein. Die letzten Meter zum Gipfel sind durch ein Geländer abgesichert. Beim Abstieg wendet man sich nach links und erreicht auf breitem Weg wieder den Friedhof. Von hier sieht man schon den Franzosenstein, zu dem man nun auf der Asphaltstraße nach rechts wandert. Danach wendet man sich nach links und wandert entlang der Straße bis zum Sportplatz in Traunstein. Kurz davor zweigt nach rechts ein Feldweg ab (rote Markierung), der zuerst über Wiesen und später durch Wald zu einer Hinweistafel („Wiegenstein 15 min") führt. Weiter auf schönem Waldweg bis zum Wiegenstein. Man kann nun noch zum „Drachenkopf" hinaufsteigen, der sich oberhalb des Wiegensteins befindet (schlecht grün markiert). Vom Wiegenstein folgt man der roten Markierung weiter bis zu einer Wegkreuzung. Hier nach links, der roten Markierung folgend, bis man abermals eine Weggabelung erreicht. Hier wendet sich nun die rote Markierung nach rechts, wir folgen aber geradeaus weiter der Forststraße (unmarkiert), bis diese auf die Straße nach Weidenegg trifft. Auf dieser 200 m nach links bergauf zurück zu der Hinweistafel zum Wiegenstein. Auf bereits bekanntem Weg zurück zum Sportplatz und weiter nach rechts auf Straßen zum Ausgangspunkt. Insgesamt 2 Std., 100 Hm.

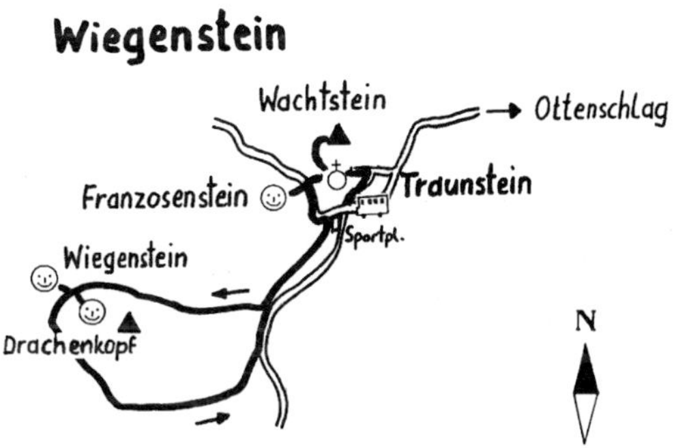

28 WEIRERTEICH — *Gehzeit:* 2 Std./

Die Tafel ist das Ziel

Alter: ab 5 Jahre

Ausgangspunkt: 1 km nordwestlich von Neuhof, wo der Wanderweg Nr. 605 die Straße Ottenschlag – Traunstein kreuzt

Busverbindung: Bundesbus ab Spitz Bhf. nach Schönbach bis Haltestelle Schützenmühle

Wegverlauf: Ausgangspunkt – Weirerteich – Tafel am ehemaligen Damm – Weirerteich – Ausgangspunkt

Stützpunkt: keiner

Was allen Spaß macht:
- Weirerteich
- schmaler, verschlungener Waldpfad

Karten: Freytag & Berndt WK 071

Bei dieser Wanderung erreichen wir als Ziel nicht ein Gipfelkreuz, einen Wackelstein oder eine Gaststätte, sondern eine geheimnisvolle Tafel. Ein schmaler Pfad, der sich, stellenweise ein wenig verwachsen, durch den dichten Wald schlängelt, führt zum Weirerteich. Dieser liegt still inmitten riesiger Fichtenwälder. Leider ist in dem Fischteich das Baden verboten. Bei den Angelplätzen kommt man aber gut an das Ufer des Teichs heran. Weiter geht es nun in den dichten Wald. Der Weg führt entlang einem Bacherl, immer sehr gut markiert, bis man schließlich den alten Damm erreicht, der hier einst den Kremssee aufstaute. Wann und warum dieser Teich abgelassen wurde, erfährt man auf jener unscheinbaren Tafel, die auch gleichzeitig das Ziel unserer Wanderung ist. Sie zu finden ist eigentlich nicht schwierig, doch für Kinder sicherlich eine spannende Aufgabe. Hier kehren wir um, denn der Weiterweg nach Traunstein auf den endlos erscheinenden Forststraßen ist gerade für Kinder nicht empfehlenswert.
Zurück beim Weirerteich, kann man noch auf einem schmalen Weg entlang dem Teichufer wandern; eine vollständige Seeumrundung ist wegen des dichten Schilfgürtels nicht möglich. Zum Ausgangspunkt kehren wir auf demselben Weg zurück.

Wegverlauf

Vom Ausgangspunkt folgt man der roten Markierung auf breitem

Waldweg, bis man auf eine Forststraße trifft. Hier 20 m nach rechts und anschließend nach links (rote Markierung). Nun auf schmalem Weg unter der Eisenbahnbrücke hindurch bis zu einer Wegkreuzung. Hier wendet man sich nach links und erreicht in wenigen Minuten den Weirerteich. Nun folgt man der Forststraße am Ufer des Teichs nach rechts bis an deren Ende. Schöner ist es allerdings, den schmalen Weg parallel zur Forststraße zu benützen. Immer weiter auf der roten Markierung (schöner verschlungener Waldpfad), bis man nach einer halben Stunde, vom Weirerteich an gerechnet, auf eine Forststraße trifft. Hier nach links (rote Markierung), bis man nach 10 Min. zu der kleinen, unscheinbaren Tafel gelangt. Diese befindet sich links vom Weg am Ende eines Wildzaunes und gegenüber einer großen, deutlich sichtbaren roten Markierung, und gibt Auskunft über die Entstehung des Dammes und den Grund seiner Demolierung. Hier ist auch der Umkehrpunkt unserer Wanderung, der Rückweg erfolgt auf demselben Weg. Insgesamt 2 Std., 50 Hm.

Besonderheiten in der Umgebung

- Bademöglichkeit im Himmelteich
- Traunstein mit Bildhauerfreigelände, Franzosenstein und Wachtstein

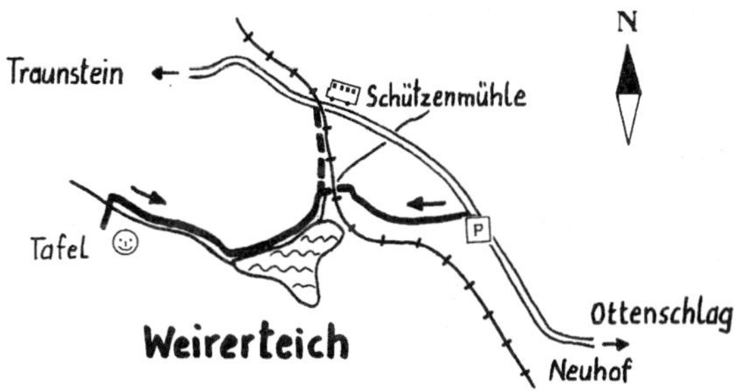

29 TEUFELSKIRCHE *Gehzeit:* 1,5 Std./

Hat der Teufel wirklich eine Kirche?

Alter: ab 6 Jahre
Ausgangspunkt: Kirchbach nordwestlich von Rappottenstein
Busverbindung: Der Ausgangspunkt ist mit öffentlichen Verkehrsmitteln nur schlecht erreichbar
Wegverlauf: Kirchbach (641 m) – Teufelskirche (760 m) – Oberrabenthan – Kirchbach
Stützpunkt: keiner
Was allen Spaß macht: Klettern auf Granitblöcken
Karten: Freytag & Berndt WK 111

Eine halbe Gehstunde oberhalb des Ortes Kirchbach ragt eine wildromantische Felsgruppe aus dem Hochwald – die „Teufelskirche". Der Sage nach wollte der Teufel dort einmal eine Höllenkirche erbauen. Seine Arbeiter, die fleißig Nacht für Nacht Steine herbeischleppten, mußten ihre Arbeit beim Morgenläuten der nahen Kirche beenden. Eines Morgens überhörten sie das Geläute, die Teufelskirche stürzte in sich zusammen. Die Überreste dieses „Bauwerks" erreichen wir abwechslungsreich über Wiesen- und Waldwege. Der Weiterweg führt durch Felder, manchmal leider auf asphaltierter Straße, aber immer mit schönen Ausblicken über die sanfte Landschaft rund um Rappottenstein.

Wegverlauf

Von der Autobushaltestelle wenige Meter auf der Straße in Richtung Groß Gerungs, bis ein Wegweiser zur Teufelskirche nach rechts weist (rot und blau markiert). Vorerst noch ein Stück auf Asphaltstraße, dann auf einem Feldweg über Wiesen am Etzenbach entlang bis zu einem Wegweiser zur Teufelskirche. Hier nach rechts über den Bach in den Wald hinein, und weiter bis zur Abzweigung des Weges zur Teufelskirche und nach Oberrabenthan nach rechts. Nun auf breitem Weg aufwärts bis zur Abzweigung zur Teufelskirche nach links. Jetzt steil bergauf, der blauen Markierung nach, bis zum höchsten Punkt, wo sich mehrere Steingruppen, darunter auch die Teufelskirche, befinden. Von hier geht es denselben Weg zurück bis zur Abzweigung. Hier nun nach links in Richtung Oberrabenthan auf breitem Weg bis zu einer Asphaltstraße. Auf dieser ca. 1 km bleiben, wobei auch dieser Abschnitt landschaftlich sehr schön ist. Man erreicht die ersten Bauernhöfe von Oberrabenthan und eine Abzweigung nach rechts in Richtung Kirchbach (blau markiert). Dieser folgt man über eine große Wiese, vorbei an einem Marterl, bis der Weg wieder in den Wald führt (hier ist der Weg nur schlecht zu erkennen, am besten, man geht immer geradeaus). Nun auf wieder gut erkennbarem und markiertem Weg durch den Wald und über die angrenzenden Wiesen bis nach Kirchbach, das man an der Bushaltestelle erreicht. Insgesamt 1,5 Std., 150 Hm.

Besonderheiten in der Umgebung

Burg Rappottenstein (Führungen vom 1. Mai– 30. Sept. tägl. außer Mo, um 10, 11, 14, 15, 16 und 17 Uhr)

Am Weirerteich (Tour 28)

Die Teufelskirche bei Kirchbach (Tour 29)

Auf dem Wünschelrutenweg (Tour 30)

Mit der Dampfeisenbahn von Großgerungs nach Gmünd (Tour 31)

30 WÜNSCHELRUTENWEG *Gehzeit:* 2,5 Std./

Für alle, die daran glauben

Alter: ab 5 Jahre

Ausgangspunkt: Pfarrkirche Großschönau

Busverbindung: Bundesbus von Zwettl Bhf. nach Weitra bis Haltestelle Großschönau

→ *Wegverlauf:* Großschönau (681 m) – Steinerne Stube (786 m) – Großschönau

Stützpunkt: Gasthöfe in Großschönau

Was allen Spaß macht:
- Wünschelrute ausprobieren
- Granitblöcke

Karten: Freytag & Berndt WK 111

Diese Wanderung gibt uns Gelegenheit, uns etwas mit dem noch wenig erforschten und faszinierenden Fachgebiet der Radiästhesie, das sich mit den Phänomenen der Erdstrahlen und Strahlenfühligkeit beschäftigt, auseinanderzusetzen. Bodenstrahlen haben Einfluß auf alle Lebewesen. So gibt es Tiere, die man als Strahlenflüchter bezeichnen kann. Vögel bauen zum Beispiel niemals ihr Nest über gestörten Zonen, wogegen Katzen, Schlangen und die meisten Insekten die Strahlungslinien sogar suchen. Ameisenstraßen bewegen sich meist entlang von Wasseradern.

In Großschönau, an der europäischen Wasserscheide gelegen, wurde der „1. NÖ. Wünschelrutenweg" eingerichtet. Hundert Stationen wurden hier von sechs international anerkannten Rutengängern vermessen. Wasserführungen, Rohrleitungen, Durchlässe, Erdstrahlen und Verwerfungen sind gekennzeichnet. In den Gasthöfen in Großschönau sowie in der Naturwarenstube des Bioenergetischen Trainingszentrums (BETZ) kann man sich Wünschelruten gegen ein geringes Entgelt ausborgen und selber seine Fähigkeiten als Radiästhet erproben. Zur Hilfe für ein selbständiges Begehen gibt es eine genaue „Wünschelrutenwegbeschreibung". Unter jeder Stationsnummer wird die jeweilige Situation detailliert beschrieben. Dieser außergewöhnliche Wanderweg ist insgesamt 13 km lang, wir begehen aber nur einen Teil. Der Weg ist immer gut markiert und führt auf Waldwegen und Forststraßen zu den einzelnen Stationen. Den höchsten und landschaftlich schönsten Punkt erreichen wir in der „Steinernen Stube", einer auf einem Hügel gelegenen Felsgruppe.

Wegverlauf

Ausgangspunkt ist die Pfarrkirche von Großschönau. Der Wünschelrutenweg ist gut beschildert und folgt großteils Forststraßen. Entlang dem Weg gibt es fast 100 Stationen mit Stationsnummern, die mit der Wünschelrute untersucht werden können. Für die Begehung empfiehlt sich auch der Kurzführer, der in der Touristeninformation erhältlich ist, oder die ausführliche „Wünschelrutenbeschreibung". Da der gesamte Wünschelrutenweg 13 km lang ist, verkürzen wir den Rundweg, indem wir bei Station Nr. 28 dem Wegweiser nach rechts nach Großschönau folgen und dadurch bei Nr. 68 fortsetzen. Nun gehen wir wieder auf dem Wünschelrutenweg und erreichen als höchsten Punkt der Wanderung die eindrucksvollen Granitblöcke der „Steinernen Stube". Von hier geht es zurück nach Großschönau. Insgesamt 2,5 Std., 110 Hm.

Besonderheiten in der Umgebung

- Heimatmuseum Großschönau im Gemeindehaus, geöffnet: Mo–Fr 9–11 und 14–16 Uhr, an Wochenenden und Feiertagen nur nach Anmeldung
- Stadt Weitra mit historischem Stadtkern
- Museum „Alte Textilfabrik" in Weitra, Oberbrühl 13, geöffnet: Mai–Okt.; Do, Fr 14–17 Uhr, Sa, So und an Feiertagen 10–12 und 14–17 Uhr, in den Sommerferien auch Di–So 10–12 und 14–17 Uhr

31 NATURPARK NORDWALD *Gehzeit:* 2 Std. /

Indianer im Waldviertel

Alter: ab 4 Jahre
Ausgangspunkt: Parkplatz Scheiben bei Bad Großpertholz
Busverbindung: Bundesbus von Gmünd nach Linz bis Haltestelle Bad Großpertholz PA (45 Min. bis Ausgangspunkt)
Wegverlauf: Parkplatz (800 m) – Aussichtsturm beim Schwarzenberg (900 m) – Parkplatz – Information – Bärenkopf – Kinderspielplatz – Wildgehege (750 m) – Parkplatz
Stützpunkt: Buffet bei der Information
Was allen Spaß macht:
- Aussichtsturm
- Granitblöcke zum Klettern
- Indianerspielplatz
- Wildgehege

Karten: Freytag & Berndt WK 111

Der Naturpark Nordwald-Großpertholz wurde 1971 gegründet und wird seither in ehrenamtlicher Tätigkeit verwaltet und instand gehalten. Beim Eingang in Scheiben befindet sich ein Informationszentrum mit einem originellen Spielplatz. Auf zahlreichen Holztieren kann hier geschaukelt und gespielt werden, ein Abenteuerspielplatz interessiert auch größere Kinder. Der Wegweiser „ Indianerspielplatz“ weckt die Neugierde auf die kommende Wanderung. Am Anfang führt der Weg über eine kleine Wiese, die sich gut zum Spielen eignet; auf dem bizarren Felsgebilde des Bärenkopfs kann man seine Kletterkünste ausprobieren. Ein Stück weiter gelangen wir zu dem Indianerspielplatz neben der Waldkapelle. Ein wenig unterhalb dieser Wildwestszenerie laden Bänke und Tische bei den Grillplätzen zum Rasten ein. Leider ist das Wasser des Brunnens hier kein Trinkwasser. Von hier ist es nicht mehr weit bis zu den Wildgehegen mit Ziegen, Mufflons und Pfauen.
Die höchste Erhebung im Naturpark ist der Schwarzenberg mit 957 m. Darauf befindet sich auch ein Aussichtsturm, den man nicht nur besteigen, sondern auch umrunden kann. Ein eigener „Rundwanderweg“ wurde dafür angelegt.
Die Wege in diesem Naturpark sind alle gut gekennzeichnet, beim Informationszentrum neben dem Parkplatz ist aber auch eine Übersichtskarte mit eingezeichneten Wegen erhältlich. Der Natur-

park ist ganzjährig geöffnet, das Informationszentrum nur in den Sommermonaten.

Wegverlauf

Vom Parkplatz folgt man dem Wegweiser zum Aussichtsturm auf einer Forststraße (rot markiert). Nach 5 Min. zweigt nach links ein breiter Weg ab, der kurz darauf in den Wald führt (Wegweiser, rote Markierung). Diesen Weg verfolgt man, bis ein Wegweiser zur Warte nach rechts weist. Nun in wenigen Minuten zur Warte. Um die Warte führt ein kurzer Rundwanderweg zwischen Granitblöcken und Heidelbeersträuchern. Zurück am besten auf demselben Weg.
Nun überquert man die Straße zum Informationszentrum. Von hier auf gut beschildertem Weg, vorbei am Opferstein und dem Felsgebilde Bärenkopf zur Kapelle und zum Spielplatz. Nun windet sich der Weg in Kehren hinab zum Grillplatz mit Brunnen (kein Trinkwasser!) und weiter zu den Tiergehegen. Hier nach rechts auf einer Forststraße, die zurück zum Bärenkopf führt. Nun auf bereits bekanntem Weg zurück zum Ausgangspunkt. Insgesamt 2 Std., 150 Hm.

Besonderheiten in der Umgebung

- Schmalspurbahn mit Dampflokomotive von Groß Gerungs nach Gmünd (an Sa, So und Feiertagen vom 1. Mai–26. Okt.)
- Stierhübelteich

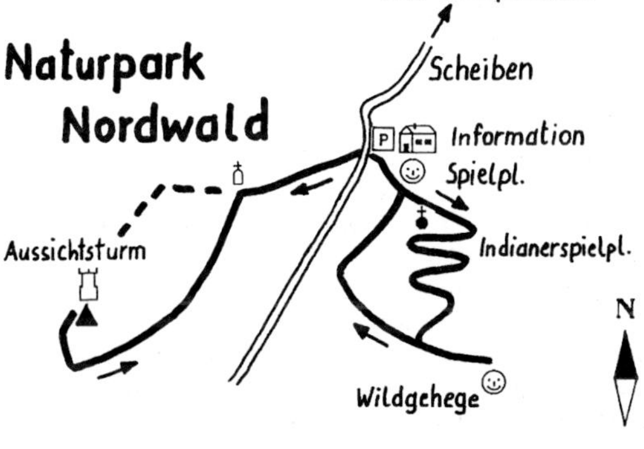

32 STIERHÜBELTEICH *Gehzeit:* 2 Std./

Was ist ein Moor?

Alter: ab 4 Jahre

Ausgangspunkt: Parkplatz zum Stierhübelteich bei Karlstift

Busverbindung: Bundesbus von Wien-Mitte nach Freistadt bis Haltestelle Karlstift/Gh. Zeiler bzw. Bundesbus von Gmünd nach Linz bis Haltestelle Karlstift/Gh. Zeiler

→ *Wegverlauf:* Parkplatz (900 m) – Stierhübelteich (870 m) – Aussichtswarte (878 m) – Teichrundwanderweg – Parkplatz

Stützpunkt: Buffet beim Holzhackermuseum

Was allen Spaß macht:
- Badeteich
- Holzhackermuseum
- Spielplatz am See
- Aussichtswarte beim Hochmoor und Moorlehrpfad

Karten: Freytag & Berndt WK 111

Der Stierhübelteich mit dem angrenzenden Hochmoor „Große Haide“ gehört zum Gebiet des Naturparks Nordwald-Großpertholz. Ursprünglich als Triftteich angelegt, wird er heute als Badeteich genützt. Im Sommer kann seine Wassertemperatur bis zu 22° C erreichen. An seinem Südufer gibt es Sanitäranlagen mit Umkleidekabinen, ferner Grillplätze, eine Liegewiese und einen Spielplatz. Auch findet man hier das Holzhackermuseum, das einen guten Eindruck von der Forstwirtschaft vermittelt. Es zeigt alte Geräte, die vor allem für den Transport von Holz verwendet wurden, und Fotos vom Triftbetrieb. Angeschlossen ist eine „Holzlehrschau“, die über heimische Holzarten mit Hilfe von Stammquerschnitten und Rinden Auskunft gibt. Die Wassertiefe dieses Teichs ist in Ufernähe sehr gering, so daß auch kleinere Kinder hier recht gefahrlos baden können. Auf einem schmalen Wanderweg kann man den Moorteich umrunden.
Nicht weit entfernt ist das Hochmoor „Große Haide“, ein ursprüngliches Moor mit einer Tiefe von 7 m. Es ist völlig mit Bergkiefern und Spirken bewachsen. Am Rande des Hochmoors wurde ein Aussichtsturm erbaut, von dem man einen schönen Überblick über die Moorlandschaft hat. Hier befindet sich auch ein

Moorlehrpfad, der über die im Moor vorkommenden Pflanzen informiert.

Wegverlauf

Vom Parkplatz folgt man den Wegweisern zum Stierhübelteich, den man nach 10 Min. erreicht. Im Uhrzeigersinn am See entlang bis zur Liegewiese mit Buffetrestaurant, Holzhackermuseum und Spielplatz. Nun weiter zu einer Forststraße. Man folgt dem Wegweiser zur Aussichtswarte und erreicht diese auf breiter Forststraße nach 30 Min. Zurück auf demselben Weg bis zum Stierhübelteich. Hier wenden wir uns nach links und folgen der Forststraße 500 m, bis ein kleiner Weg in den Wald nach rechts abzweigt (Tafel: Teichwanderweg Nr. 6, rot markiert). Auf diesem weiter, bis man auf den Weg zum Parkplatz stößt. Hier nach links zurück zum Ausgangspunkt. Insgesamt 2 Std., 50 Hm.

Besonderheiten in der Umgebung

- Schmalspurbahn mit Dampflokomotive von Groß Gerungs nach Gmünd (an Sa, So und Feiertagen vom 1. Mai–26. Okt.)
- Naturpark Nordwald bei Bad Großpertholz
- Gmündner Hütte bei Karlstift

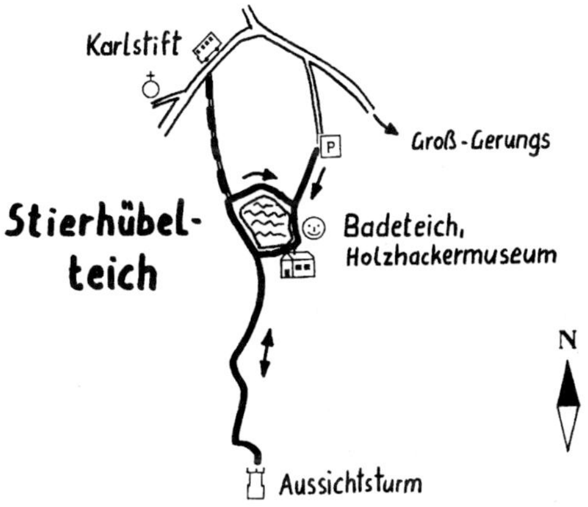

33 TANNER MOOR

Gehzeit: 1,5 Std./

Moorwanderung und Badeteich

Alter: ab 4 Jahre
Ausgangspunkt: Parkplatz beim Rubnerteich bei Liebenau
Busverbindung: Dieser Ausgangspunkt kann mit öffentlichen Verkehrsmitteln nicht erreicht werden
Wegverlauf: Rubnerteich (920 m) – Moorrundwanderweg (978 m) – Rubnerteich
Stützpunkt: keiner
Was allen Spaß macht:
- Weg durch Moor auf Prügelsteg
- Klettermöglichkeiten auf Granitblöcken
- Bademöglichkeit im Rubnerteich

Karten: Freytag & Berndt WK 111

Das Tanner Moor liegt in der Gemeinde Liebenau und damit schon im nordöstlichen Oberösterreich. Mit einer Fläche von 120 Hektar, von denen knapp 100 Hektar mit Latschen bestanden sind, zählt es zu den größten im Land Oberösterreich.
Das Moor entstand nach der letzten Eiszeit vor ungefähr 15.000 Jahren. Es wurde nie landwirtschaftlich genutzt, das heißt, es wurde weder abgeholzt, noch wurde hier je Torf gestochen. Der einzige menschliche Eingriff ist der am Südrand des Moores gelegene Rubnerteich, der früher zur jährlichen Holzschwemmung das nötige Wasser lieferte.
Der Moorwanderweg Tanner Moor hat eine Länge von 6 km. Er nimmt seinen Anfang beim Rubener Teich. Von dort führt er zunächst durch Fichtenwald, der von Birken durchsetzt ist. Dann tritt man hinaus auf das Hochmoor. Der Weg führt hier auf einem „Prügelsteg“ mitten in das Moor hinein bis zu einem 10 m hohen Hochstand, von dem aus man die gesamte Fläche des Hochmoors überschauen kann. Weiter geht es durch Niedermoorgebiet und abschließend durch Fichtenhochwald hinauf zu mächtigen Granitfelsen, der „Lehmüller-Mauer“. Durch Hochwald gehen wir zurück zum Rubener Teich, dem Ausgangspunkt der Wanderung. Reines Moorwasser lädt hier zum Baden ein.
In den Sommermonaten werden jeden Samstag um 14 Uhr, Ausgangspunkt Rubener Teich, Moorführungen veranstaltet. (Information: Tourismusverband Liebenau, Tel. 0 79 53/ 255).

Wegverlauf

Vom Parkplatz beim Rubnerteich folgt man den Wegweisern zum Rundwanderweg, der sehr gut beschildert und nicht zu verfehlen ist. Zuerst ein Stück dem Ufer des Teichs entlang und weiter auf einem Waldweg bis zur Moorlandschaft und dem Aussichtsturm. Nun geht es, den Wegweisern folgend, bis auf einen Hügel mit Granitblöcken (Lehmüller-Mauer) und dann zurück zum Rubnerteich und zum Ausgangspunkt. Insgesamt 1,5 Std., 60 Hm.

Besonderheiten in der Umgebung

- Aussichtswarte auf dem Brockenberg bei Liebenau
- Hallenbad in Liebenau

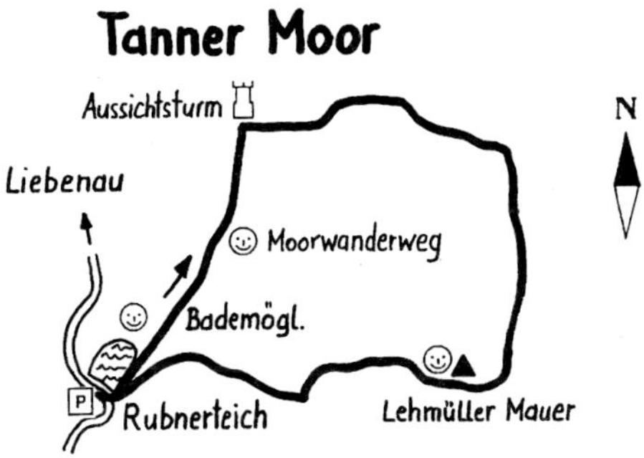

34 NEBELSTEIN

Gehzeit: 2 Std./

Der Startpunkt für alle zukünftigen Weitwanderer

Alter: ab 5 Jahre

Ausgangspunkt: Harmannschlag Liftstation

Busverbindung: Bundesbus von Gmünd nach Karlstift bis Hst. Harmannschlag Liftstation

Wegverlauf: Harmannschlag (740 m) – Weg Nr.76 – Nebelstein (1017 m) – Althütten – Harmannschlag

Stützpunkt: Nebelstein-Haus, ÖAV/Sekt. Waldviertel

Was allen Spaß macht:
- Gipfel mit Gipfelkreuz
- abwechslungsreicher Weg

Karten: Freytag & Berndt WK 111

Der Nebelstein ist mit 1017 m Höhe zwar nicht der höchste Berg des Waldviertels (dies ist der Tischberg mit 1073 m), aber neben dem Mandlstein wohl der bekannteste Gipfel. Die Nebelsteinhütte, knapp unterhalb der höchsten Erhebung, kann man als das Zentrum der Weitwanderer in Österreich bezeichnen. Sechs Weitwanderwege kreuzen sich hier. Der wohl berühmteste, der Nord-Süd-Weitwanderweg, nimmt hier seinen Anfang und endet nach 500 km im südlichsten Eck der Steiermark, in Eibiswald. Unsere Wanderung ist aber bedeutend kürzer, wir ersteigen den Nebelstein von Harmannschlag aus. Zuerst führt der Weg über Straßen, Forststraßen und Waldwege, bis man das Hochmoor knapp unterhalb der Nebelsteinhütte erreicht. Das letzte Stück wandern wir durch Hochwald zur Hütte, von hier sind es nur mehr wenige Meter bis zu den Gipfelfelsen. Zum großen Kreuz und zur Aussichtsplattform gelangen wir über eine kurze Holzstiege. Der Ausblick reicht an schönen Tagen bis weit nach Tschechien im Norden und bis zum Alpenhauptkamm im Süden. Der Abstieg führt abwechslungsreich durch Wald, über Wiesen und schließlich an einem Schlepplift entlang hinunter nach Harmannschlag. An Sommertagen kann man anschließend noch den kleinen Teich mit Wasserrutsche an der Straße von Harmannschlag nach St. Martin besuchen.

Wegverlauf

Ausgangspunkt ist die Bushaltestelle bzw. die Kirche in Harmannschlag. Zuerst geht es in nördlicher Richtung an einem kleinen Sägewerk und an einem Wildgehege mit Damwild vorbei bis zur

Straße auf den Nebelstein (rote Markierung Nr. 76). Hier 50 m nach links auf der Straße und dann nach rechts auf einer Forststraße weiter. Bei einer scharfen Rechtskurve der Forststraße kann man geradeaus auf guten Wegspuren weitergehen und so die Wanderung ein Stück abkürzen. Sobald der markierte Weg wieder erreicht ist, folgt man diesem nach links, bis man linker Hand eine kleine Wiese mit Jägerstand sieht . Der Weiterweg zweigt nun nach rechts ab (leicht zu übersehen!), während geradeaus der Weg mit der Nr. 72 nach Althütten führt. Nun weiter bis zu einer asphaltierten Straße, die man nach rechts bis zur Abzweigung zum Nebelsteinhaus verfolgt (200 m). Ab hier auf schmalem Weg zum Nebelstein-Haus und zum Gipfelfelsen mit Gipfelkreuz.
Der Rückweg erfolgt auf der Forststraße nach Südwesten bis zum Parkplatz auf der Nebelstein-Straße. Auf dieser 200 m nach links, bis der Weg nach rechts abzweigt (rote Markierung). Auf diesem durch Wald bis zur Straße, die man am nördlichen Ortsende von Althütten erreicht. Nach 200 m zweigt der Weg nach rechts ab und führt nun zuerst am Waldrand und dann im Wald weiter. Der Weg Nr. 76 führt dann oberhalb der Schlepplifte von Harmannschlag vorbei und zuletzt über Wiesen zurück zum Ausgangspunkt. Insgesamt 2 Std., 280 Hm.

Besonderheiten in der Umgebung

- Naturpark Nordwald bei Bad Großpertholz
- Stadt Weitra mit historischem Stadtkern

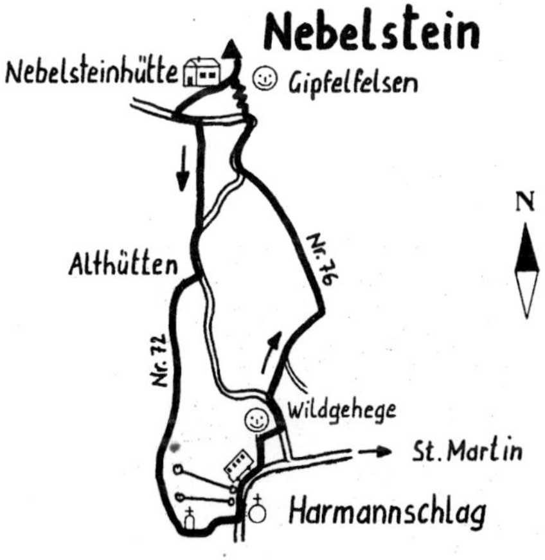

Die Nebelsteinhütte, der Startpunkt für viele Weitwanderer (Tour 34)

Im Naturpark Hochmoor (Tour 38)

So ist Verirren nicht möglich! (Tour 39)

Der Richterteich bei Litschau (Tour 40)

Die „Blutrinne“ (Tour 41)

35 ERLEBNISWEG HEINRICHS *Gehzeit:* 3,5 Std./

Wer traut sich, vom Stein zu rutschen?

Alter: ab 7 Jahre
Ausgangspunkt: Kirche von Heinrichs bei Weitra
Busverbindung: Bundesbus von Gmünd nach Hirschenwies bis Haltestelle Heinrichs
Wegverlauf: Heinrichs (588 m) – Erlebnisweg – Mandlstein (874 m) – Heinrichs
Stützpunkt: keiner
Was allen Spaß macht:
- viele Sehenswürdigkeiten entlang dem Weg
- Gipfel mit Gipfelkreuz
- Klettern auf Granitblöcken

Karten: Freytag & Berndt WK 111

Der Erlebnisweg in Heinrichs verdient seinen Namen zu Recht. Auf einer Stecke von 13 km kommt man an 25 Sehenswürdigkeiten vorbei, die alle gut beschildert und mit einer Informationstafel versehen sind.
Der Weg beginnt in dem blumengeschmückten Dorf Heinrichs. Zuerst führt der Pfad zu mehreren Schalensteinen und zu dem großen Rutschstein. Hier kann man auf diesem Granitblock ungefähr 10 m weit hinunterrutschen. Weiter geht es durch Heidelbeersträucher zum Frauenschuh, einem Doppelschalenstein. Beim Schillingstein an der Straße von Weitra nach Heinrichs kann man die Wanderung abkürzen und zum Ausgangspunkt zurückkehren. Geht man aber in Richtung Mandelstein weiter, so kommt man zu einem Granitblock, an dem wohl der letzte Steinmetz von Heinrichs werkte, dann zum Kudelring, zum Schanzgraben und zu all den weiteren Stationen auf diesem Erlebnisweg. Den höchsten Punkt dieser Wanderung erreichen wir am Gipfel des 874 m hohen Mandlsteins mit seinem großen Gipfelkreuz. Der Weg führt nun unterhalb der Gipfelfelsen durch das Mandlsteintor nach Göllitz und weiter zurück nach Heinrichs. Dieser Weg ist in seiner Gesamtlänge für Kinder sehr anstrengend, man kann aber von mehreren Stellen schon eher zum Ausgangspunkt zurückkehren. Es ist daher ratsam, sich für diese Wanderung eine gute Karte mitzunehmen. Zu diesem Erlebnisweg wurde ein eigenes Begleitheft vom Verein Grenzland HEINRICHS herausgegeben, das man in den Gasthäu-

sern in Heinrichs oder beim Verein direkt beziehen kann. (Tel. 0 28 56/82 01)

Wegverlauf

Von der Kirche in Heinrichs geht man das erste Stück auf der Straße in Richtung Nordosten, immer der Markierung des Erlebniswegs (roter Punkt in weißem Kreis) folgend. Dieser zweigt beim Ortsende nach rechts in den Wald ab und führt zum „Rutschstein", zum „Frauenschuh" und zum Kühmeier-See. Dann überquert der Weg beim Schillingstein die Straße von Weitra nach Heinrichs (hier erste Möglichkeit, die Tour abzubrechen). Nun weiter im Wald aufwärts zum Steinmetz-Felsen, zum Kudelring, zum Doppelwackelstein bis zum Schanzgraben (Wegweiser nach rechts: Heinrichs 1,5 km). Wir gehen aber am Kamm entlang weiter zum Schinderberg, zur Mausefalle, zur Liebeslaube und zur Hohen Steinwand. Weiter vorbei am Hut, am Sonnenstein und an den Schalensteinen bis zu einer Straße. Diese wird überquert, und man steigt bis zum höchsten Punkt der Wanderung, dem Mandlstein (874 m), empor. Der Abstieg erfolgt, indem man weiter der Markierung des Erlebniswegs folgt, durch das Mandlsteintor und weiter über den Diabsweg, die Würglhäuser bis zum Ort Göllitz. Von hier vorbei an den Steinquadern, den Piberschlägerweg entlang, und zuletzt durch das Hölltor zurück nach Heinrichs. Insgesamt 3,5 Std., 300 Hm.

Besonderheiten in der Umgebung

Stadt Weitra mit historischem Ortskern

36 BLOCKHEIDE

Gehzeit: 2 Std./

Wackeln große Steine wirklich?

Alter: ab 4 Jahre
Ausgangspunkt: Parkplatz 2 in Großeibenstein bei Gmünd
Busverbindung: Bundesbus von Gmünd Bhf. nach Litschau bis Haltestelle Großeibenstein
Wegverlauf: Parkplatz – Rundwanderweg – Parkplatz
Stützpunkt: Jausenstation beim Informationszentrum, Restaurants bei den Eingängen
Was allen Spaß macht: • Wackelsteine
• Aussichtswarte
Karten: Freytag & Berndt WK 111

Der Naturpark Blockheide/Eibenstein bei Gmünd ist wohl das bekannteste Naturschutzgebiet des Waldviertels. Das Gelände umfaßt eine Fläche von 120 ha; zahlreiche Wanderwege und Lehrpfade wurden hier eingerichtet. Zu sehen sind hier von der Natur seltsam geformte Granitblöcke, die sogenannten Restlinge. Die Bevölkerung hat den Steinen, meist in Verbindung mit einer Sage, treffende Namen gegeben. So finden wir hier den Teufelsbrotlaib, das Teufelsbett, die Koboldsteine, den Pilzstein und viele mehr.
Im Naturparkgebiet wurde auch eine 25 m hohe Aussichtswarte errichtet, von der man das ganze Gmündner Becken mit seinen Dörfern überblicken kann. Gleich neben der Warte befinden sich die Schutzhütte und ein Informationszentrum. Auch gibt es hier einen Spielplatz und einen Brunnen.
Vor einigen Jahren kam der „Marienkäferweg" neu zu den übrigen Lehrpfaden hinzu – er führt zu verschiedenen Restbiotopen. Hier wird auf Holztafeln eine für das jeweilige Biotop typische Nahrungskette erklärt. Vor Begehen dieses Weges sollte man sich die dazugehörende Broschüre besorgen.
Alle Wege sind gut bezeichnet, auch gibt es bei den Eingängen ein Informationsheft mit Abbildungen, Beschreibungen und einer Übersichtsskizze. Der Naturpark ist ganzjährig geöffnet.

Wegverlauf

Vom Parkplatz folgt man den Wegweisern zum Naturpark Blockheide. Der Rundwanderweg ist rot und gelb bezeichnet und führt zuerst ein kleines Stück auf der asphaltierten Straße in Richtung

Gmünd, bevor er nach links in den Naturpark abbiegt. Nun weiter zu den ersten Granitblöcken, dem Hollerstein und den Koboldsteinen, zum Informationszentrum mit dem Aussichtsturm. (Sowohl beim Informationszentrum als auch bei den Restaurants am Eingang des Naturparks erhält man gute Übersichtspläne mit eingezeichneten Rundwanderwegen.) Der Weg führt nun am Teich vorbei bis zur Weggabelung der roten und gelben Markierung. Hier kann man entweder den kürzeren roten oder den etwas längeren gelb markierten Weg wählen, wobei der gelb markierte Weg am bekannten Christophstein vorbeiführt. Weiter den gut beschilderten Wegen folgend zu den Wackelsteinen 2 und 3 und anderen sonderbar geformten Granitblöcken. In Großeibenstein treffen die beiden Wege wieder zusammen. Das letzte Stück bis zum Parkplatz führt wieder auf asphaltierter Straße. Insgesamt 2 Std., 50 Hm.

Besonderheiten in der Umgebung

- Verschiedene Museen in Gmünd: Glasmuseum, Steinmuseum, Heimatmuseum
- Alt-Nagelberg, Sammlung der Neuen Stölzle Kristall Ges.m.b.H, geöffnet: Mo–Fr 8.30–17.00 Uhr, Sa 8–12 Uhr
- Freizeitzentrum Aßangteich

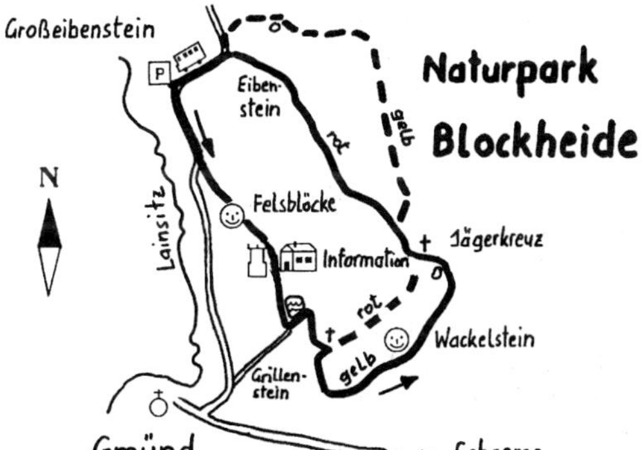

37 TEICHWANDERUNG BEI HOHENEICH

Gehzeit: 3 Std./

Im Land der Teiche

Alter: ab 8 Jahre

Ausgangspunkt: Parkplatz beim Bad am Mitterteich auf der Straße von Hoheneich nach Pürbach

Busverbindung: Der Ausgangspunkt ist mit öffentlichen Verkehrsmitteln nicht erreichbar

Wegverlauf: Parkplatz – Mitterteich – Ullrichsteich – Althöllteich – Badeteich bei Pürbach – Spielbergerteich – Amtwiesteich – Ullrichsteich – Mitterteich – Parkplatz

Stützpunkt: Jausenstation beim Bad

Was allen Spaß macht: Bademöglichkeit in verschiedenen Teichen

Karten: Freytag & Berndt WK 111

Zu insgesamt sechs Teichen wandern wir auf dieser Rundtour. Im Sommer kann man in einigen davon baden – am Teich bei unserem Ausgangspunkt z. B. wurde ein Strandbad eingerichtet. Wichtig ist es, zu dieser Zeit ein Mittel gegen Gelsen und Mücken mitzunehmen. Unternimmt man diese Wanderung im Frühjahr, so erspart man sich die Mückenschwärme, zugleich entschädigt die Unzahl von Frühlingsblumen dafür, daß es zum Baden noch zu kalt ist. Forststraßen und breite Waldwege verbinden die Teiche – langweilig wird es aber nicht, da die Wegstrecken zwischen den Gewässern eher kurz sind. Im Frühjahr und nach stärkeren Regenfällen können diese Wege sehr morastig sein, Gummistiefel sind dann das beste Schuhwerk.

Die für die Waldviertellandschaft so typischen Fischteiche sind fast alle künstlich angelegt. Ihre Entstehung verdanken sie den natürlichen wasserdichten Mulden des Bodens, in denen das Wasser aufgestaut wird. Heute gibt es ungefähr 200 Fischteiche im Waldviertel; die Fischzucht ist ein wichtiger Nebenerwerb für so manchen Bauern. Im Spätherbst werden die Teiche abgelassen, die Fische werden dann mit großen Netzen an Land gezogen.

Wegverlauf

Vom Ausgangspunkt auf Forststraße rot markiert (Nr.650) zum Mit-

terteich, der gute Bademöglichkeiten bietet. Am See entlang immer der roten Markierung folgend und weiter durch Wald bis zum Ullrichsteich. Dort geht man nicht nach links der roten Markierung nach, sondern nach rechts unmarkiert auf einer Forststraße, bis man auf einen Bahndamm stößt. Von hier sieht man bereits die rot markierte Forststraße auf der anderen Seite des Bahndammes. Man erreicht sie durch Überschreiten der Schienen (kein offizieller Übergang). Nun nach links auf der Forststraße zum Althöllteich, an dessen Nordufer entlang und weiter bis zum Badeteich von Pürbach. Hier schöne Liegewiese mit Kinderspielplatz und Umkleidekabinen.
Der Rückweg führt auf roter Markierung in südlicher Richtung am Badeteich entlang bis zu einer Straße. Dort nach rechts und 200 m weit bis zu einer Linkskurve. Hier schlägt man nach rechts den unmarkierten Forstweg ein (nicht der roten Markierung auf der Straße folgen) und verfolgt diesen, bis er beim Amtwiesteich wieder auf die rote Markierung trifft. Nun nach rechts bis zum Althöllteich, wo man den bereits bekannten Weg erreicht. Auf diesem zum Ausgangspunkt zurück. Insgesamt 3 Std., 50 Hm.

Besonderheiten in der Umgebung

- Blockheide bei Gmünd
- Stadt Schrems mit historischem Stadtkern
- Stadtmuseum Schrems, Alte Volksschule, geöffnet: Do 16.30–18.30 Uhr und So 9–11 Uhr
- „Waldviertel-Haus“ in Hirschbach, Bahnstr.48, geöffnet: So 9–12 Uhr, in den Wintermonaten nach Voranmeldung

Teichwanderung bei Hoheneich

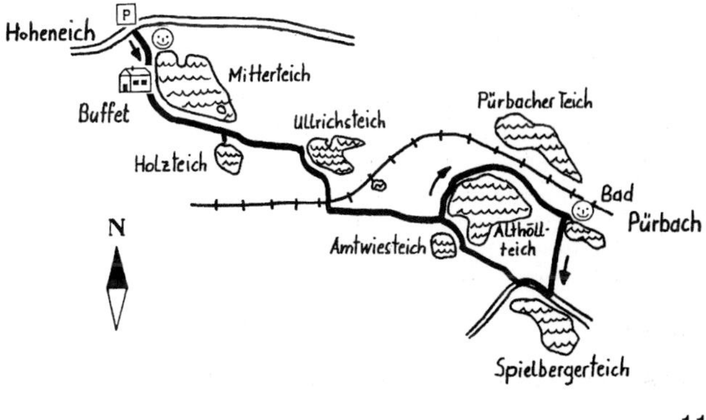

38 NATURPARK HOCHMOOR *Gehzeit:* 1 Std./

Wir suchen den „Hängenden Stein“

Alter: ab 5 Jahre

Ausgangspunkt: Parkplatz zum Naturpark östlich von Heidenreichstein, an der Straße von Heidenreichstein nach Waidhofen/Thaya

Busverbindung: Bundesbus von Wien-Mitte nach Litschau bis Haltestelle Steinbruckhäuser

Wegverlauf: Parkplatz – Prügelsteg – Aussichtswarte – Hängender Stein – Parkplatz

Stützpunkt: keiner

Was allen Spaß macht:
- Moorlehrpfad
- Aussichtswarte
- Hängender Stein

Karten: ÖK 50, Bl. 6

Der Naturpark Hochmoor wurde auf dem Gebiet der „Gemeindeau“ im Gemeindegebiet von Heidenreichstein errichtet und soll dem Schutz sowie dem Kennenlernen dieser besonderen Landschaftsform dienen. Im allgemeinen Sprachgebrauch verstehen wir unter Moor meist nur ein sumpfiges Gelände, das nur unter Gefahren zu betreten ist. Viele von uns verbinden mit diesem Begriff wohl Irrlichter, Feenwesen, die gleichsam schwerelos über den morastigen Boden schweben, und natürlich eine Vielzahl von Moorleichen.

Die geologische Voraussetzung für die Entstehung von Mooren ist das Vorhandensein eines weitgehend dichten, wasserundurchlässigen Gesteins. Die Granite des Waldviertels, die infolge der Verwitterung zu feinem Sand zersetzt wurden, dichteten den Boden seichter Seen, die am Ende der letzten Eiszeit entstanden, ab. Infolge hoher Luftfeuchtigkeit ergaben sich vielerorts ideale Bedingungen für das Entstehen von Mooren. Wurden die Moore im vorigen Jahrhundert hauptsächlich wirtschaftlich zur Torfgewinnung genutzt, so erkennt man heute zunehmend ihren ökologischen Wert als Wasserspeicher, als Klimaregulatoren sowie als Rückzugsgebiet seltener Tiere und Pflanzen.

Dieser Moorlehrpfad bildet einen Rundweg von 2,5 km Länge. Kurz nach dem Parkplatz – hier wurden auch ein schöner Spielplatz und Rastbänke errichtet – führt ein 30 m langer Prügelsteg in eine offene Moorfläche. Am Anfang des Steges wird in einem Schaukasten der Querschnitt eines Moores gezeigt. Weiter führt uns der

Weg zu einem Hochstand mit Ausblick auf den großen Winkelauerteich. Gegen Ende der Runde erreichen wir das Naturdenkmal „Hängender Stein" – ein mächtiger Granitblock, der nur zu einem geringen Teil auf anderen Blöcken aufliegt. Eine Informationstafel erklärt die Entstehungsgeschichte der Wackelsteine.

Wegverlauf

Vom Parkplatz folgt man dem Wegweiser zum Prügelsteg, der Weg verläuft auf einer Forststraße. Man kommt zum Prügelsteg und zu Schautafeln, die über die Moorökologie Auskunft geben. Weiter auf breitem Weg, vorbei an einer Unterstandshütte mit Schautafeln über die im Moor lebenden Tiere und Pflanzen, bis zur Aussichtswarte, die man über zwei sehr steile Leitern erklettern kann und die einen schönen Blick auf den Winkelauer Teich ermöglicht. Nun weiter bis zu einer Abzweigung, an der man nach rechts dem Wegweiser zum Hängenden Stein folgt – man erreicht diesen auf bequemem Weg. Von hier dem Wegweiser folgend zurück zum Ausgangspunkt. Insgesamt 1 Std., 10 Hm.

Besonderheiten in der Umgebung

- Moor- und Torfmuseum in Heidenreichstein (geöffnet: Mitte April–26. Okt.; Fr, Sa, So, Feiertag von 14–16 Uhr, in der Ferienzeit zusätzlich Mi von 14–16 Uhr)
- Wasserburg Heidenreichstein, geöffnet: Mitte April–Mitte Okt.; Besichtigung nur mit Führung, Di-So um 9, 10, 11, 14, 15 Uhr

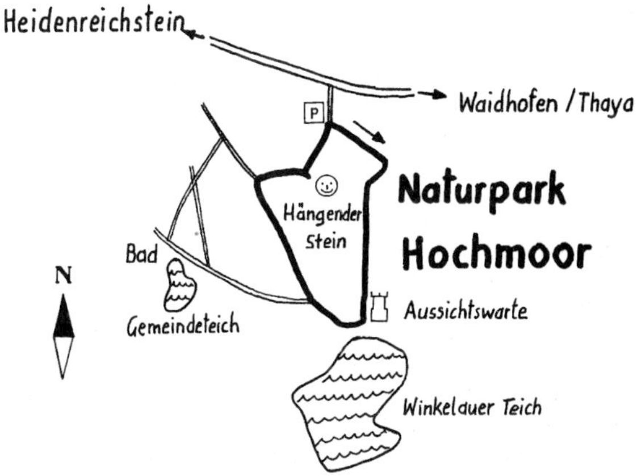

39 HERRENSEE BEI LITSCHAU *Gehzeit:* 1,5 Std./

Fitneß-Parcours um den See

Alter: ab 5 Jahre

Ausgangspunkt: Litschau, Südufer des Herrenteichs

Busverbindung: Bundesbus von Wien-Mitte nach Litschau

➜ *Wegverlauf:* Litschau – Rundwanderweg um den Herrenteich – Litschau

Stützpunkt: Gasthöfe in Litschau und Imbißstuben bei Strandbad und Bootsverleih

Was allen Spaß macht:
- Bademöglichkeit im Herrenteich
- Fitneß-Parcours
- Spielplätze

Karten: ÖK 50, Bl. 5, Wanderkarte vom Gästeservice Litschau

Um den Herrensee in Litschau führt ein 4,5 km langer Rundwanderweg. Wem hier das gemütliche Dahinwandern zuwenig an sportlicher Betätigung ist, kann seine Kondition und Beweglichkeit bei den zahlreichen Stationen des Fitneßparcours noch verbessern. Weiters finden wir längs des Weges Spielplätze und einen Waldlehrpfad.
Bootsverleih und Waldstrandbad sind weitere Attraktionen, die diese Wanderung für die ganze Familie interessant werden lassen. Verirren kann man sich bei dieser Runde wohl kaum, dafür sorgen schon die originellen Hinweisschilder und Informationstafeln, die die Neugierde auf all die anderen Besonderheiten in der Umgebung Litschaus wecken.
Litschau, die nördlichste Stadt Österreichs, wird von einer schlichten Burg überragt. Der runde Turm trägt einen seltenen Kragsteinkranz, auf den die Zinnen, die ein kleines Kegeldach tragen, aufgesetzt sind. In mondhellen Nächten soll hier Herr Oberst Wenzel Freiherr von Morakschy mit seinem Kopf unter dem Arm auf dem Turm umherspazieren. Zu seinen Lebzeiten schlug er 1597 den Waldviertler Bauernaufstand blutig nieder.
In früheren Zeiten gab es um die Stadt eine ausgedehnte Stadtmauer mit drei Toren, wovon nur noch das Fischertor steht. Auf unserer Rundwanderung können wir noch Reste dieser Stadtmauer sehen.

Wegverlauf

Der Rundwanderweg fängt am Südufer des Herrenteichs an. Nun

immer den ausgezeichnet beschilderten und markierten Rundwanderweg entlang, wobei man den See gegen den Uhrzeigersinn umrundet. Rund um den See sind Stationen eines Fitneß-Parcours errichtet, Schautafeln informieren über Flora, Fauna und vieles mehr, am Ostufer befindet sich ein Strandbad, und am Ende der Wanderung gibt es einen Bootsverleih. Insgesamt 1,5 Std., 10 Hm.

Besonderheiten in der Umgebung

- Über alle Besonderheiten in und um Litschau informiert der „Erlebnisführer für das Erlebnisland rund um Litschau", erhältlich im Gästeservicebüro der Gemeinde Litschau
- Wasserburg in Heidenreichstein, geöffnet: Mitte April bis Mitte Oktober, tgl. außer Montag, um 9, 10, 11, 14, 15 und 16 Uhr; Besichtigung nur mit Führung.

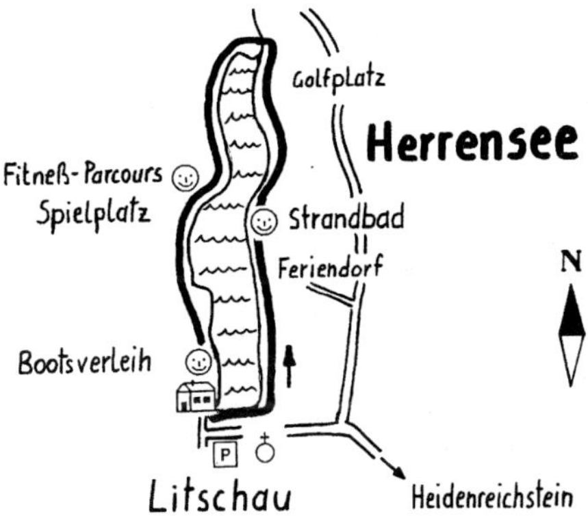

40 DACHSENGRABEN *Gehzeit:* 2,5 Std./

Auch Bäume umarmen einander

Alter: ab 5 Jahre

Ausgangspunkt: Steinerne Wegsäule an der Straße von Litschau nach Josefsthal, 1 km nach dem Ortsteil Kainraths

Busverbindung: Bundesbus von Wien-Mitte nach Litschau

Wegverlauf: Steinerne Wegsäule – Wanderweg Nr. 20 – Zwillingsbaum – Schlag – Wildgehege – Schlägerwehr – Kashof – Richterteich – Dachsengraben – Graslstein – Steinerne Wegsäule

Stützpunkt: keiner

Was allen Spaß macht:
- Teiche
- Zwillingsbaum
- Granitblöcke

Karten: ÖK 50, Bl. 5, Wanderkarte des Gästeservice Litschau

Die Wanderwege rund um Litschau wurden von der Gemeinde liebevoll angelegt, und so ist es weiters nicht verwunderlich, daß wir auf dieser Rundtour gleich mehrere typische Waldviertelbesonderheiten entdecken. Unsere Wanderung beginnt bei einer steinernen Wegsäule. Sie wurde angeblich aus einem einzigen Stein gehauen. Einen Meter tief steht sie in der Erde, zwei Meter ragt sie in die Höhe. Eine kleine Sitzgruppe lädt gleich am Beginn zur Rast ein. Nach einer kurzen Wegstecke erreichen wir einen „Zwillingsbaum". Hier wachsen verschlungen eine Kiefer und eine Buche im ständigen Konkurrenzkampf um das Sonnenlicht. Wer war hier wohl als erster? Forstkundige meinen, es sei die Kiefer gewesen.
Auf dem Weiterweg zum Schlägerwehr kommen wir an einem Wildgehege mit Damwild vorbei. Am Ufer des großen Fischteichs, dem Schlägerwehr, kann man einen mächtigen Findling mittels einer Holzleiter besteigen, und schon ein kurzes Stück dahinter liegt das große Anwesen des Kashofs. Wer hier aufmerksam vorüber geht, wird sicherlich auf der Hausmauer die originelle Gedenktafel an einen Hund entdecken.
Am Anfang des Dachsengrabens liegt romantisch von Fichtenwäldern umgeben der Richterteich. Wir folgen nun einem schmalen Pfad durch den Graben. Man sollte hier besonders auf die alten Baumriesen achten, die schon seit Jahrzehnten nicht mehr abgeholzt wurden. Kurz bevor wir unseren Ausgangspunkt wieder er-

reichen, gelangen wir zu den düsteren Felsgruppen des Graslsteins. Diese sollen auch eines der vielen Verstecke des Räuberhauptmanns Grasl gewesen sein, der seine Raubzüge über das gesamte Waldviertel und Südmähren ausdehnte.

Wegverlauf

Vom Ausgangspunkt folgt man 300 m der Straße in Richtung Josefsthal und geht dann den Weg nach links zum Kashof (rot markiert, Nr. 20). Bevor man diesen erreicht, folgt man einem Fahrweg nach links und gelangt nach etwa einer Stunde zum Zwillingsbaum. Weiter geht es auf dem Fahrweg, bis kurz vor dem Ort Schlag ein Weg nach rechts abzweigt (unmarkiert). Dieser führt an einem kleinen Teich vorbei und stößt kurz darauf auf den Fahrweg mit der roten Markierung Nr. 12, der bei einem Wildgehege nach rechts abzweigt. Nach weiteren 500 m erreicht man das Schlägerwehr und einen markanten Felsblock, den man über eine Leiter ersteigen kann. Nun weiter auf dem Fahrweg, bis man auf die asphaltierte Straße stößt. Man verfolgt sie ein kurzes Stück nach rechts, bis links die rote Markierung zum Richterteich abzweigt. Diesen erreicht man bei einem schönen Rastplatz, von dem ein breiter Waldweg nach rechts zum Dachsengraben abzweigt. Durch den Graben führt der Weg bis zum Graslstein und dann durch Felder zurück zum Ausgangspunkt. Insgesamt 2,5 Std., 50 Hm.

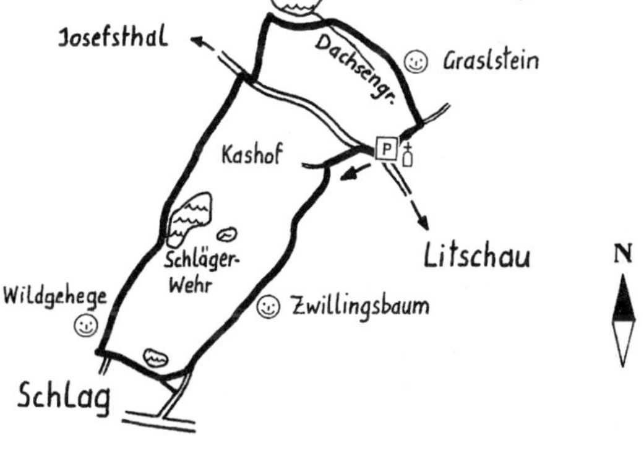

41 PLATZ DES SKORPIONS *Gehzeit:* 2 Std./

UFO-Landeplatz, Opfersteine und Waldzwerge

Alter: ab 5 Jahre
Ausgangspunkt: Engelbrechts
Busverbindung: Bundesbus von Waidhofen/Thaya nach Dobersberg bis Haltestelle Engelbrechts
Wegverlauf: Engelbrechts (536 m) – Schanzberg (650 m) – Almhäuser – Platz des Skorpions – Hexenstein – UFO-Landeplatz – Engelbrechts
Stützpunkt: keiner
Was allen Spaß macht:
- Schalensteine und Granitblöcke
- große Wiese zum Spielen

Karten: ÖK 50, Bl.6, Wanderkarte Thayatal des Tourismusverbandes

Das Waldviertel wird heute nicht nur von einigen Individualisten aufgesucht, sondern in zunehmendem Maß auch von Menschen, die im Bewußtsein eines „kosmischen Ganzen“ leben und die hier an bestimmten Plätzen Kräfte und Energien verspüren, welche sowohl von der irdischen als auch von der außerirdischen Materie ausgehen sollen.
Ein derartiger Platz befindet sich in nächster Nähe des Ortes Kautzen. Den Gesteinsgruppen im Wald soll kultische Bedeutung zukommen. Wahrscheinlich waren sie bereits in vorgeschichtlicher Zeit Opfer- und Kultstätten. Der „Platz des Skorpions“ ist eine Anordnung von Steinen, die dem Sternzeichen des Skorpions gleicht. Die jeweiligen Steine haben eine eigene, bestimmte sakrale Bedeutung; so finden wir hier einen Warzenstein, einen Geburtsstein und einen Opferstein mit Blutrinne.
Für den Fall, daß einmal außerirdische Lebewesen diesem uralten Kultplatz einen Besuch abstatten wollen, wurde für sie ein eigener Flugplatz errichtet. Eigentlich gleicht dieses eigentümliche Flugfeld einer ganz gewöhnlichen Waldwiese. Doch nein, das Besondere daran ist, daß diese Wiese immer abgemäht ist. Aufgrund des unregelmäßigen Fahrplans der UFOs kann es bis zum Eintreffen der Außerirdischen zu längeren Wartezeiten kommen. Für solche Fälle empfiehlt es sich, einen Ball mitzunehmen; der Landeplatz kann dann ohne weiteres kurz zweckentfremdet werden.
Weiter wandern wir durch den „Zwergerlwald“. In der Dämmerung soll man hier angeblich wirklich Waldzwerge zu Gesicht bekom-

men, untertags sind sie nur selten anzutreffen. Zur Heidelbeerzeit muß man für diese Runde mehr Zeit einplanen, denn fast der gesamte Waldboden ist hier mit diesen Sträuchern bewachsen.

Wegverlauf

Von der Kirche von Engelbrechts folgt man ein Stück der grün-weiß-blauen Markierung entlang der Straße. Beim Haus Nr. 38 geht man nach rechts auf einen Feldweg (unmarkiert) und bleibt darauf, bis man auf einen blau markierten Weg trifft. Diesen verfolgt man nach links. Bei einer Weggabelung mitten im Feld geradeaus weiter (grüne Markierung) und danach nach rechts bis zur asphaltierten Straße, die man nun 200 m nach rechts verfolgt. Unmittelbar bevor die Straße in den Wald führt, zweigt nach links ein Weg ab (schlecht grün markiert). Dieser führt auf den Schanzberg, wo ein Wegweiser zu den Schalensteinen weist. Kurz danach erreicht man einige Granitblöcke und den sogenannten „12-Apostel-Stein". Weiter bis zu einer Weggabelung und nun nach links auf der blau-weißen Markierung bis zu den Häusern von Almhütten. Hier weist bereits ein Schild zum Platz des Skorpions, den man in wenigen Minuten auf einem asphaltierten Fahrweg erreicht. Der Weg führt nun blau-weiß markiert zwischen den Granitblöcken hindurch und stößt dann wieder auf die Asphaltstraße. Wenige Meter rechts von der Straße befindet sich im Wald versteckt der Venusstein. Nun nach links auf eine große Wiese, den sogenannten „UFO-Landeplatz". Von hier auf einem blau-weiß markierten Weg durch Wald und über die Felder zurück nach Engelbrechts. Insgesamt 2 Std., 150 Hm.

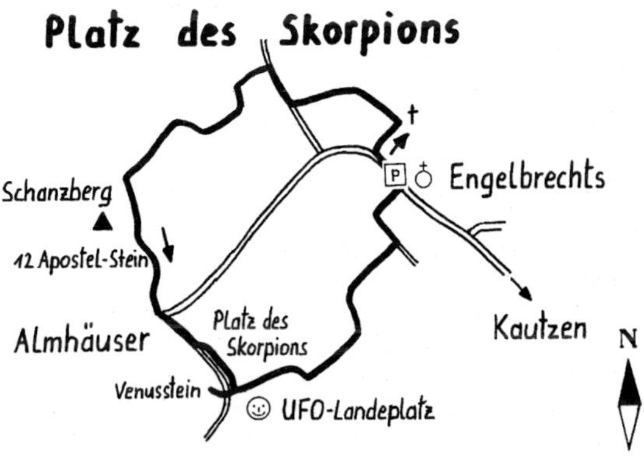

42 STEIN-RUNDWANDERWEG BEI KAUTZEN

Gehzeit: 2,5 Std./

Von guten und bösen Geistern

Alter: ab 6 Jahre
Ausgangspunkt: Illmau bei Kautzen
Busverbindung: Der Ausgangspunkt ist mit öffentlichen Verkehrsmitteln nur schlecht erreichbar
Wegverlauf: Illmau (530 m) – Hoher Stein (666 m) – Pyramide (663 m) – Illmau
Stützpunkt: keiner
Was allen Spaß macht:
- Kneipp-Anlage mit Liegewiese
- Granitblöcke

Karten: ÖK 50, Bl. 6, Wanderkarte Thayatal des Tourismusverbandes

Es gibt viele „Teufelsteine" im Waldviertel, einer davon steht im Illmauer Wald bei Kautzen. Der Fußabdruck des Teufels ist darauf deutlich zu erkennen. Auch solche Fußabdrücke sind keine Seltenheit, der Teufel treibt eben vielerorts sein Unwesen. Aber auch der liebe Gott, die heilige Maria und das Jesuskind hinterließen bereits ihre Fußspuren in den harten Granitblöcken. Es gibt zu diesen Abdrücken aber auch eine profane Erklärung: Durch Verwitterung bildeten sich in den Granitblöcken Vertiefungen, die nun einmal sonderbar geformt sein können.
Den Beginn unserer Wanderung bildet ein Kneippweg mit Wasserbecken, Brunnen, Rastbänken und einer kleinen Wiese. Den höchsten Punkt erreichen wir am Hohen Stein, einem Gipfel ohne Aussicht mitten im Wald. Interessanter wird es dann wieder bei einem Wasserloch, im Wald versteckt, und bei den unheimlichen Felsblöcken des Teufelsteins.
Ein kleiner Spielplatz in der Nähe des Ausgangspunktes bildet den Abschluß dieser Wanderung.

Wegverlauf

Ausgangspunkt ist der Parkplatz am Anfang des Stein-Rundwanderwegs bzw. des Kneippweges. Man folgt einem breiten rotmarkierten Weg, der zugleich auch ein Heilkräuter-Lehrpfad ist. Man erreicht eine Wiese mit Rastbänken, einem Wasserbecken und einem Brunnen zum Kneippen. Von hier führt der Weg in den Wald und hinauf zum Hohen Stein, der im Gegensatz zu dem entsprechenden Wegweiser keine Aussicht bietet. Weiter auf zum Teil schönem Waldweg, aber auch auf der Forststraße, zum Streichbrunnen, einem Wasserloch mitten im Wald, und zur Pyramide, einem Steinmonument mit Inschrift. Kurz nach der Pyramide stößt man auf einige wuchtige Granitblöcke mitten im Wald, darunter auf den sogenannten Teufelsstein. Man verfolgt weiter die rote Markierung, bis man einen Kahlschlag mit Jägerstand überquert hat. Nun wendet sich die rote Markierung nach rechts, wir gehen aber auf dem breiten und in der Folge rot markierten Weg nach links. Auf diesem weiter bis Felder erreicht werden. Hier verfolgt man den Feldweg nach links. Kurz vor Illmau geht er in eine asphaltierte Straße über und erreicht Illmau bei einem kleinen Teich mit schönem Spielplatz knapp unterhalb des Parkplatzes. Insgesamt 150 Hm, Gehzeit 2,5 Std.

Besonderheiten in der Umgebung

- Heimatmuseum in Kautzen, geöffnet: Ostern–Allerheiligen; So und an Feiertagen 9–12 und 14–16 Uhr
- Naturpark Dobersberg

43 NATURPARK DOBERSBERG *Gehzeit:* 2 Std./

Schizirkus im Grünen

Alter: ab 5 Jahre

Ausgangspunkt: Parkplatz beim Ortsende-Schild Dobersberg an der Straße nach Waidhofen

Busverbindung: Bundesbus von Waidhofen/Thaya nach Dobersberg

Wegverlauf: Dobersberg (465 m) – Waldlehrpfad – Jägersteig – „Wandererkreuz" (ca. 600 m) – Wildschweingatter – Dobersberg

Stützpunkt: keiner

Was allen Spaß macht:
- Waldlehrpfad
- Kinderspielplatz
- Wildgehege

Karten: ÖK 50, Bl.6, Wanderkarte Thayatal des Tourismusverbandes

Das Besondere an diesem Naturpark ist, daß er inmitten der Kulturlandschaften rings um Dobersberg angelegt wurde. Die bewirtschafteten Felder wurden gleichsam in das Erholungsgebiet miteinbezogen. Dieses Landschaftsschutzgebiet wird in seinem Charakter von der träge dahinfließenden, mäandrierenden Thaya geprägt. Im Sommer ist es bei diesem sanften Fluß schwer vorstellbar, daß im Frühjahr alljährlich Eisstöße auftreten, die eine „Säuberung" des Flusses und der Ufer bewirken.
Am Beginn unserer Wanderung durch den Naturpark folgen wir einem Waldlehrpfad mit heimischen und exotischen Baumarten. Bald erreichen wir das erste Tiergehege, welches von Damwild, Ziegen und Pfauen bewohnt wird. Auf Tafeln wird Wissenswertes über Bienenstöcke und Honiggewinnung erläutert. Unweit von hier befinden sich auch der Kinderspielplatz und ein Wasserwildpark, der Enten und Gänsen als Lebensraum dient. Auf unserem Weg überqueren wir die Thaya auf einer überdachten Holzbrücke und wandern ein Stück an ihrem Ufer entlang, bis wir die Bänke und Tische eines Grillplatzes erreichen. Eine weitere Besonderheit stellt das in der Nähe der Schipiste gelegene Wildschweingehege mit Aussichtsplattform dar.
In dem Naturparkgebiet wurde auch ein Farnlehrpfad angelegt, der aber ein wenig abseits liegt. Möchte man auch diesen Weg begehen, so sollte man sich dies einmal als gesonderte Wanderung vor-

nehmen, da er in Verbindung mit den anderen Wegen schon große Anforderungen an die Ausdauer und Gehfreudigkeit der Kinder stellt.

Wegverlauf

Vom Parkplatz folgt man dem Wegweiser zur Thaya und zum Waldlehrpfad (rot markiert). Der Waldlehrpfad führt leicht bergab zu einem Wildgehege und einem Kinderspielplatz. Weiter geht es nun flach zur Thaya, die man über eine große Holzbrücke quert. Gleich darauf nach rechts und auf besonders schönem, schmalem Weg die Thaya entlang und dann hinauf zur Talstation des Schleppliftes. Hier halten wir uns nach rechts und gehen auf dem sogenannten Jägersteig weiter bis zu einer asphaltierten Straße. Jetzt ein kurzes Stück nach links und dann wieder auf einem markierten Weg nach rechts, bis man zu einer Wegkreuzung mit einem Kreuz kommt („Wandererkreuz"). Hier folgt man der roten Markierung geradeaus, wobei der Weg kurz darauf scharf nach links abbiegt. Man erreicht schließlich die Bergstation des Schleppliftes und folgt nun der roten Markierung über die Schipiste und durch Wald zum Wildschweingehege mit seinem Aussichtsturm. Von hier über den unteren Teil der Schipiste bis zur Talstation und von dort wieder zurück zum Ausgangspunkt. Insgesamt 2 Std., 200 Hm.

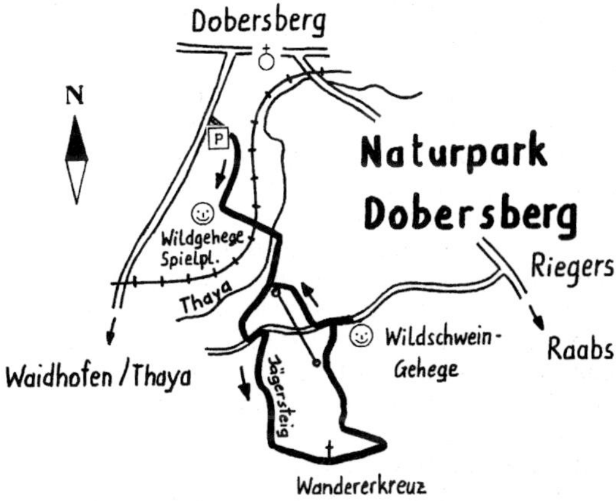

44 WÜSTUNG HARD *Gehzeit:* 2 Std./

Ist eine Wüstung eine Wüste?

Alter: ab 5 Jahre
Ausgangspunkt: Bahnhof Thaya
Busverbindung: Bundesbus von Waidhofen/Thaya bis Haltestelle Thaya/Kriegerdenkmal
➜ *Wegverlauf:* Bahnhof Thaya – Feldweg über den Friedbach – Strohmayer-Marterl – Wüstung Hard – Forstweg – Strohmayr-Marterl – Bahnhof Thaya
Stützpunkt: Gaststätten in Thaya
Was allen Spaß macht:
- mittelalterliche Ausgrabungen mit rekonstruiertem Brunnen
- viele Hochstände

Karten: ÖK 50, BL 6, Wanderkarte Thayatal desTourismusverbandes

Eine wichtige Quelle für die Siedlungsgeschichte im Waldviertel bilden sogenannte Wüstungen, Dörfer aus dem Mittelalter, die aus verschiedenen Gründen während des Mittelalters oder der Neuzeit verlassen wurden. Im Hardwald bei Thaya an der Thaya konnte eine solche längst vergessene Ansiedlung lokalisiert werden – das in Urkunden öfters erwähnte Dorf Hard. Seit etlichen Jahren wird nun dieses Dorf Zug um Zug ausgegraben. Die Ansiedlung besteht aus einem älteren und einem jüngeren Teil, letzterer entstand in der zweiten Hälfte des 13. Jh. Im 14. Jh. wurde das Dorf aus nicht bekannten Gründen systematisch verlassen.
Wir erreichen die Wüstung über einen breiten Waldweg. Die ausgegrabenen Grundmauern in unmittelbarer Nähe des Weges gehören zu dem ehemaligen Meierhof (der Hof des vom Grundherrn eingesetzten Verwalters). Das Gebäude besaß ursprünglich einen turmartig gemauerten Speicherbau mit darunter befindlichem Erdstall (Erdställe sind unterirdische Räume, deren Bedeutung bis heute unklar ist). Die Wohnräume mit Feuerstelle befanden sich in einem freistehenden Haus. Das übrige Dorf bestand aus zehn Bauernhäusern, die alle nach dem gleichen Grundriß angelegt waren: ein Eingangsraum, eine Küche mit Herdstelle und ein Speicherraum. Einen rauchfreien Wohnraum gab es zu dieser Zeit noch nicht. Zur Wasserversorgung dienten eine gemauerte Quellfassung in der Nähe der Siedlung und ein sechs Meter tiefer Brunnen; dieser wurde aus Steinen rekonstruiert.

Wie in einem Märchenwald verborgen liegt dieser Ausgrabungsort. Der Großteil der Häuser wurde noch nicht freigelegt, die Grundmauern kann man aber gut unter dem moosigen Waldboden erkennen. Diese Wanderung ist von der Wegstrecke her eher kurz, doch muß man genügend Zeit einplanen, um dieses geheimnisvolle Gelände erkunden zu können.

Wegverlauf

Vom Bahnhof Thaya folgt man der roten Markierung und den Wegweisern in Richtung „Wüstung Hard“ auf asphaltierter Straße, bis der Weg nach rechts auf einen Feldweg abzweigt. Auf diesem, vorbei an einer großen Birke mit Marienbild, bis zu einer Wegkreuzung mit einem Marterl. Hier nach rechts und gleich danach nach links, auf einen Waldweg. Nach 10 m (!) zweigt wieder ein breiter Waldweg nach links ab. Auf diesem nun geradeaus weiter, bis man nach 15 Min. die ersten Ausgrabungen erreicht. Nach dem rekonstruierten Brunnen geradeaus weiter zur zweiten Quellfassung. Zum Brunnen zurück, und nun nach rechts durch lichten Wald geradeaus bis zu einem Forstweg (hier sind unter dem Waldboden noch mehrere Grundmauern der Bauernhäuser zu erkennen). Jetzt nach links auf der Forststraße bergab, bis man auf einen Feldweg trifft; hier nach links zurück zum Marterl und über den bereits bekannten Feldweg wieder zum Ausgangspunkt. Insgesamt 2 Std., 50 Hm.

Besonderheiten in der Umgebung

Heimatmuseum Thaya (gibt einen Überblick über die Ausgrabungen), Bahnhofstr. 1a, geöffnet:
15. Mai–Allerheilligen; So 10–12 Uhr.

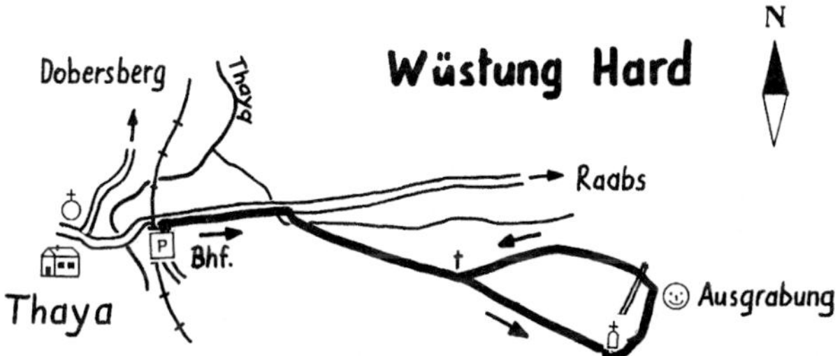

45 RUINE KOLLMITZ *Gehzeit:* 1,5 Std./

Wie lang ist die Böhmische Mauer?

Alter: ab 5 Jahre

Ausgangspunkt: Bushaltestelle in Kollmitzdörfl

Busverbindung: Der Ausgangspunkt ist mit öffentlichen Verkehrsmitteln nur schlecht erreichbar

Wegverlauf: Kollmitzdörfl (489 m) – Mausoleum (520 m) – Ruine Kollmitz – Kollmitzdörfl

Stützpunkt: Gh. Hölzl in Kollmitzdörfl

Was allen Spaß macht: interessante Ruine

Karten: Freytag & Berndt WK 073

Das Thayatal bei Raabs ist wohl eine der schönsten Flußlandschaften im Waldviertel. Unsere Wanderung beginnt in einem kleinen Dorf, Kollmitzdörfl, hoch über der Thaya gelegen, und führt uns zuerst zu einem eigentümlichen Grabmal, dem Klinger-Mausoleum. Diese Gruft ließ ein früherer Besitzer der Burg Raabs für sich und seine Frau bauen. Noch heute ranken sich wilde Gerüchte um dieses Mausoleum. Nach dem ersten Weltkrieg verliebte sich Sybille, die Frau des Barons Klinger von Klingersdorff, in den aus Rußland geflüchteten Großfürsten Cyrill von Orloff. Das Paar plante, den Ehemann zu ermorden – bei einem Jagdunfall starb aber der Großfürst durch eine Kugel des Barons. Sybille beging darauf Selbstmord, oder wurde, wie man zu wissen glaubt, von ihrem Mann umgebracht. Das nüchterne Bauwerk, von dem man einen herrlichen Ausblick auf die Thaya genießt, verrät nichts von dieser schaurigen Geschichte.

Wir wandern weiter durch lichten Föhrenwald und gelangen zur Ruine Kollmitz, der größten Ruine des Landes Niederösterreich. Die Burg wurde bereits im 13. Jh. urkundlich erwähnt. Noch heute beeindruckt die 160 m lange Burgmauer, die „Böhmische Mauer“. 1451 wurde die Burg vom Böhmenkönig belagert, doch er scheiterte an der nur ein Jahr zuvor errichteten gewaltigen Befestigungsmauer. Die Anlage verfällt leider seit 1860, als man sie abdachte, um Steuern zu sparen.

Heute kann man die Ruine ganzjährig besuchen, doch sind viele Teile nur schlecht abgesichert und oft besteht große Absturzgefahr. Kinder sollte man hier nicht aus den Augen lassen; auch ist es ratsam, eine Taschenlampe für so manchen düsteren Raum mitzunehmen.

Wegverlauf

Von der Bushaltestelle Kollmitzdörfl durchquert man den Ort in östlicher Richtung, wobei man dem Wegweiser zum Mausoleum folgt. Man kommt an ein Feld und überquert es auf einer Forststraße. Hier Wegweiser nach links zum Mausoleum, geradeaus führt der Weg zur Ruine Kollmitz. Wir gehen nach links und erreichen auf breitem Waldweg (rot-gelb markiert) das Mausoleum, von dem man einen schönen Blick hinunter zur Thaya hat. Zurück zum Weg zur Ruine Kollmitz, wobei man auf demselben Weg bis zur Abzweigung zurückgeht (der Abkürzer direkt nach Westen ist ziemlich verwachsen). Bei der Abzweigung nun nach links (rot-gelbe Markierung) und weiter, bis man auf die nicht asphaltierte Straße von Kollmitzdörfl zur Ruine Kollmitz stößt. Nun nach links bis zur Ruine Kollmitz.
Der Rückweg erfolgt zuerst auf der Straße nach Kollmitzdörfl bis zu der Stelle, wo in einer Rechtskurve die rote Markierung Nr. 630 nach links abzweigt. Dieser folgend hinunter zu einem Bacherl, das man in der Folge überquert, und anschließend hinauf zu den Feldern von Kollmitzdörfl, wo man auf einen Feldweg trifft. Dieser führt uns nach rechts bis zu den Häusern von Kollmitzdörfl. Insgesamt 1,5 Std., 100 Hm.

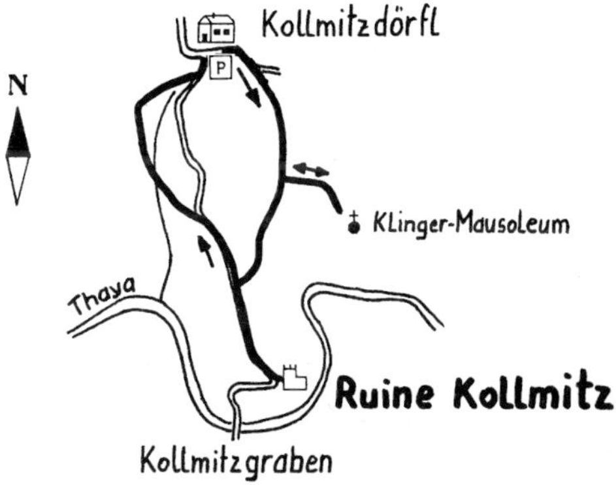

46 THAYAWANDERUNG BEI RAABS

Gehzeit: 1,5 Std./

Wir verfolgen einen Fluß

Alter: ab 5 Jahre
Ausgangspunkt: Freizeitzentrum in Raabs/Thaya
Busverbindung: Bundesbus von Wien-Mitte nach Raabs/Thaya
→ *Wegverlauf:* Raabs (450 m) – Oberpfaffendorf (408 m) – Oberndorf – Raabs
Stützpunkt: keiner
Was allen Spaß macht: schmaler Weg an Felswänden entlang
Karten: Freytag & Berndt WK 073

Die Stadt Raabs mit ihrem ansprechenden historischen Stadtkern liegt am Zusammenfluß der deutschen und der mährischen Thaya. Hoch über dem Fluß thront das mächtige Schloß Raabs, welches im 11. Jh. von den Babenbergern als militärischer Stützpunkt errichtet wurde. Ihre heutige Form verdankt die Burg den Grafen von Puchheim, den Besitzern der Burg über Jahrhunderte hinweg. Heute ist die Erhaltung eines so alten Gemäuers sehr teuer geworden, die Burg wechselt daher immer wieder ihre Eigentümer. Das letzte Mal wurde sie erst im September 1995 versteigert. Bis zu diesem Zeitpunkt konnte das Bauwerk besichtigt werden; ob dies aber unter den neuen Hausherren möglich sein wird, ist noch unbekannt.
Wir beginnen mit unserer Rundwanderung beim Freizeitzentrum in Raabs. Hier folgen wir einem breiten Promenadenweg, der aber bald schmäler wird und dicht am Fuß hoher Felsen vorbeiführt. Zahlreiche Bänke laden zum Rasten ein, es macht Spaß, sie alle während der Wanderung zu zählen – ihre Zahl ist zweistellig!
Der Weg führt uns immer an der deutschen Thaya entlang (sie entspringt bei Schweiggers, nordwestlich von Zwettl – die Quelle der mährischen Thaya finden wir in Mähren, südlich von Iglau). Nach halber Strecke erreichen wir einen Aussichtsplatz, hoch über der Thaya gelegen. Ein schmaler Pfad leitet von hier wieder hinunter zum Fluß. Den Abschluß der Wanderung bildet die Burg Raabs. Kurz bevor wir wieder an unserem Ausgangspunkt angelangt sind, überqueren wir die mährische Thaya, nur einige Meter vor ihrer Mündung in die deutsche Thaya. Von hier fließen beide Flüsse vereint in Richtung Donau.

Wegverlauf

Vom Erholungszentrum anfangs ein kurzes Stück auf rot markierter Asphaltstraße, dann auf Fußweg in den Wald. Vorbei an Felsen bis nach Oberpfaffendorf. Hier nach links über die Brücke und unmittelbar danach nach rechts auf rot markiertem Waldweg weiter. Immer der Markierung folgend, zuerst eben, dann nach links steil auf einem schmalen Weg bergauf zu einem überdachten Rastplatz hoch über der Thaya. Hier nach links wieder zum Fluß und weiter zu einer Quellfassung und einem Wasserreservoir. Auf einer Forststraße nach links bergauf, bis man auf die Asphaltstraße in Oberndorf trifft. Hier nach links durch Ortsgebiet zum Schloß Raabs und bergab über die Brücke zum Hauptplatz. Von hier nach links zurück zum Ausgangspunkt. Insgesamt 1,5 Std., 100 Hm.

Variante: Vom Wasserreservoir kann man den rot markierten Weg entlang der Thaya noch bis zur Reismühle verfolgen, dann auf einem Feldweg und dem rot markierten Wanderweg Nr. 611 zurück nach Oberndorf.

Besonderheiten in der Umgebung

- Stadt Raabs mit historischem Stadtkern
- Grenzlandmuseum Raabs, Hauptplatz 11, geöffnet: in den Sommermonaten; Mo–Fr 9–12 und 13–17 Uhr, Sa 9–12 Uhr
- Groß-Siegharts, „Lebendes Textilmuseum“, Museumg. 2, geöffnet: So und an Feiertagen 10–12 und 14–16 Uhr

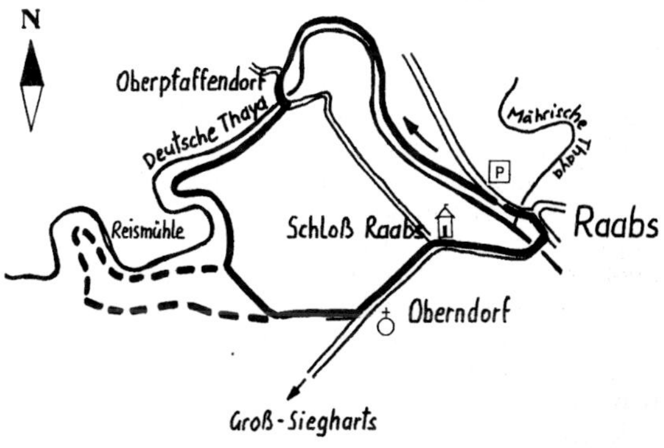

47 NATURPARK GERAS *Gehzeit:* 2 Std./

Wer kennt Zwergkänguruhs?

Alter: ab 4 Jahre
Ausgangspunkt: Eingang des Naturparks Geras
Bahnverbindung: Regionalzug von Wien-Nord nach Drosendorf bis Haltestelle Geras-Kottaun
Wegverlauf: Eingang – Damhirschgehege – Rothirschgehege – Stockhammerteich (Langer Teich) – Auerochsengehege – Eingang
Stützpunkt: Gasthaus Hubertushaus
Was allen Spaß macht:
- viele Tiergehege
- Teich
- Spielplatz

Karten: nicht unbedingt erforderlich, Naturpark-Führer

Naturparks versuchen Naturräume optimal für den Besucher zu erschließen, ohne dabei sensible Lebensräume zu sehr durch den Menschen zu gefährden. Darin liegt wohl auch der Unterschied zum Naturschutzgebiet: Hier ist der Mensch ja weitgehend ausgeschlossen, in diesen Gebieten kann sich die Pflanzen- und Tierwelt ohne direkten Einfluß des Menschen entfalten.
Wir betreten den Park beim Eingang in Geras in unmittelbarer Nähe des Waldbads und des Campingplatzes. Beim Spielplatz, nur wenige Meter vom Kassahäuschen entfernt, werden wir schon die erste Rast benötigen. In Gehegen kann man hier auch kleine Ziegen beobachten. Für das leibliche Wohl sorgt ein Gasthaus neben dem Eingang. Breite Wege, die man fast alle auch mit dem Kinderwagen befahren kann, führen an weiteren Gehegen, darunter einem mit Zwergkänguruhs, und am Stockhammerteich vorbei. Vierzehn verschiedene Wildarten werden hier gehalten. Über ihre genauen Bezeichnungen und ihre Lebensweise kann man in einem Heftchen nachlesen, das man bei der Naturparkkassa erhält. Die Tiere im Park sollen nicht mit mitgebrachtem Futter gefüttert werden. Geeignetes Futtermittel kann man ebenfalls beim Eingang erstehen.
Geöffnet ist der Park von Ostersonntag bis Allerheiligen täglich von 8.30 bis 18.00 Uhr. Von Allerheiligen bis Karsamstag nur Samstag und Sonntag von 9 bis 16 Uhr.

Wegverlauf

Vom Eingang verfolgt man den Hauptweg in Richtung Hubertuskapelle, wobei man an verschiedenen Tiergehegen (z. B. mit Eseln, Ziegen und sogar Zwergkänguruhs) und einem Spielplatz vorbeikommt. Bei der Hubertuskapelle halten wir uns nach links und gelangen auf breitem Weg zum Damhirschgehege. Nun nach rechts zum Mufflon- und zum Sikahirschgehege. Hier beginnt der Jägersteig. Er führt an der „Felsenburg", einem kleinen Felsabbruch, vorbei zum Rothirschgehege. Von diesem nun wieder auf breitem Weg zum Wildschweingehege und weiter bis zum Stockhammerteich. Hier nach rechts am Ufer entlang bis zum Auerochsengehege. Ein breiter Weg führt durch Felder wieder zurück zur Hubertuskapelle, und von hier geht es auf bereits bekanntem Weg zum Ausgangspunkt. Insgesamt 2 Std., 50 Hm.

Besonderheiten in der Umgebung

- Prämonstratenser-Abtei Geras
- Badesee und Erholungszentrum Edlersee

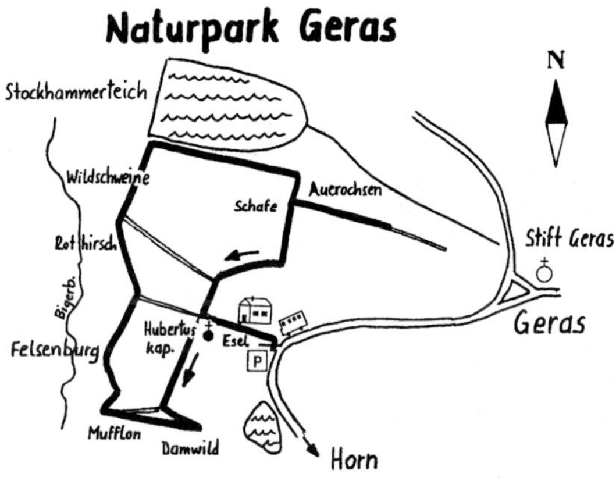

Die Ruine Kollmitz (Tour 45)

Das Burgtor der Ruine Kollmitz (Tour 45)

An der deutschen Thaya entlang (Tour 46)

Sikahirsche im Naturpark Geras (Tour 47)

Naturlehrpfad bei Drosendorf (Tour 48)

48 DROSENDORF *Gehzeit:* 1 Std./

Tief unten rauscht der Fluß

Alter: ab 5 Jahre
Ausgangspunkt: Drosendorf-Altstadt
Bahnverbindung: Regionalzug von Wien-Nord nach Drosendorf
Wegverlauf: Drosendorf-Altstadt – Waldlehrpfad – Wildgehege – Ruine – Drosendorf-Altstadt
Stützpunkt: Gasthöfe in Drosendorf
Was allen Spaß macht:
- Waldlehrpfad
- Tiergehege
- Ruine

Karten: Freytag & Berndt WK 073

Drosendorf ist ein kleines Städtchen an der Thaya. Schon in der Steinzeit war dieses Gebiet besiedelt. Die Stadt wird von einer noch sehr gut erhaltenen Stadtmauer mit den beiden Stadttoren, dem Horner und dem Raabser Tor, umgeben. In der Martinskirche mitten auf dem Hauptplatz steht ein barocker Sarkophag mit Glaswänden, durch welche man das halb aufgerichtete, mit Perlen behangene und kostbar gekleidete Skelett der hl.Valentina sehen kann. Ein schauriger Anblick! Sehenswert sind die Häuser am Stadtplatz aus dem 16. Jh. und das historisch bedeutende Schloß aus dem 12. Jh.
Rund um Drosendorf wurde eine Reihe von schönen Wanderwegen angelegt. Der Waldlehrpfad Nr. 2 ist auch schon für kleine Kinder interessant. Vom Ausgangspunkt in der Altstadt führt er leicht ansteigend zum Pavillon der Julienhöhe, von der wir einen schönen Blick auf die Thaya und die Stadt genießen können. Ein Wildgehege und eine im Wald versteckte Ruine bilden den Abschluß dieser gemütlichen Rundwanderung.

Wegverlauf

Von Drosendorf-Altstadt folgt man zuerst ein kurzes Stück der Straße nach Unterthürnau, bevor nach rechts der Waldlehrpfad abzweigt (rot markiert, Nr. 2). Dieser führt am Hang entlang bergauf zu einem kleinen Aussichtspavillon auf der Julienhöhe. Von hier hat man einen herrlichen Blick hinunter zur Thaya und auf Drosendorf-Stadt. Der Weg trifft bald darauf auf einen breiten Fahrweg, den wir nach rechts bis zu einer asphaltierten Straße verfolgen. Hier wieder nach rechts und weiter bis zu einem Wildgehege (rote Markierung Nr. 3). Bald danach sieht man rechts im Wald versteckt eine kleine Ruine, zu der Wegspuren hinaufführen. Wenige Minuten später erreicht man die ersten Häuser von Drosendorf-Altstadt und bald darauf den Ausgangspunkt. Insgesamt 1 Std., 50 Hm.

Besonderheiten in der Umgebung

- Gaberkirche, mittelalterliche Kirchenruine nordwestl. von Drosendorf
- Freibad in Drosendorf
- Schloß Riegersburg mit Hundefriedhof, geöffnet: Ostern–15. Nov.; tägl. 9–17 Uhr, im Juli und August bis 19 Uhr

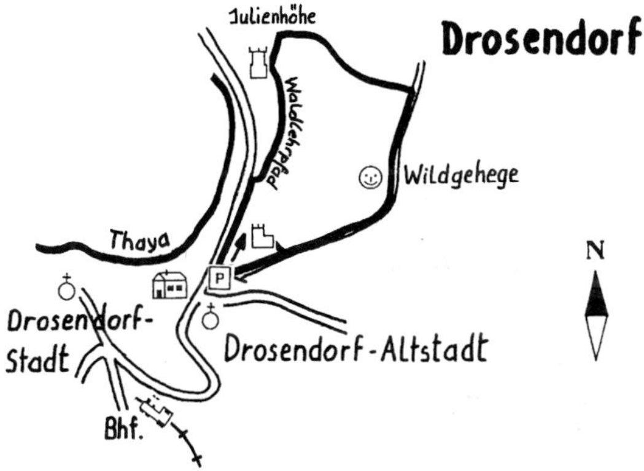

49 EINSIEDLERFELS

Gehzeit: 1,5 Std./

Wandern an der Grenze

Alter: ab 6 Jahre

Ausgangspunkt: Gh. Thayabrücke beim Grenzübergang bei Hardegg

Busverbindung: Bundesbus von Retz Bhf. nach Horn bis Haltestelle Hardegg Burg

Wegverlauf: Gh. Thayabrücke (209 m) - Einsiedlerfels – Gh. Thayabrücke

Stützpunkt: Gasthöfe in Hardegg

Was allen Spaß macht:
- Weg neben dem Fluß
- Einsiedlerfels

Karten: Freytag & Berndt WK 073

Das Burgstädtchen Hardegg liegt direkt an der österreichischen Staatsgrenze. Eine Brücke über die Thaya ermöglicht Fußgängern und Radfahrern den Übergang nach Tschechien. Die Grenze verläuft genau in der Flußmitte. Bis vor kurzem, zur Zeit des Eisernen Vorhangs, lag dieser Grenzübergang an einem toten Ende von Österreich. Heute herrscht hier im Sommer wieder reges Treiben, die Stadt Hardegg wurde mit ihrer romantischen Burg wieder zu einem beliebten Ausflugsziel.

Unser Wanderweg folgt anfangs genau dem Flußlauf; zahlreiche Fischer sind diesseits und jenseits der Grenze zu beobachten, die Fische können es sich hier also aussuchen, ob sie in einer österreichischen oder in einer tschechischen Bratpfanne landen wollen. Ein schmaler Pfad, an manchen Stellen sogar mit einem Holzgeländer abgesichert, führt uns zu einer großen Wiese in der Nähe des Einsiedlerfelsens. Auf dieser Felsgruppe aus Gneisgestein mit Marmorzügen findet man tatsächlich noch die Reste einer mittelalterlichen Einsiedelei.

Die Uferwiesen bieten reichlich Gelegenheit zum Spielen und Ausruhen. Auf schönem Waldweg erreichen wir wieder die Stadt Hardegg.

Wegverlauf

Vom Ausgangspunkt auf rot markiertem Weg am Thayaufer entlang, wobei das Ufer öfters gut zugänglich ist (mehrere Rastbänke). Nach 15 Min. steigt der Weg steil bergauf in den Wald (Tafel „Gabrielensteig"). Er weist hier sogar ein Holzgeländer auf. Dann wird er wieder flacher, und man erreicht eine Gabelung. Nun auf dem Weg nach links (Wegweiser zum Einsiedler), der leicht bergab zu einem schönen Aussichtsplatz über der Thayaschlinge führt (alte blaue Markierung). Jetzt steil bergab, bis man die große Wiesenfläche erreicht, die sich bis zum Thayaufer ausdehnt. Hier geht man noch ein Stück geradeaus und dann links am Wiesenrand bis zu einer nischenartigen Vertiefung in einer Felswand (Einsiedlerfels, von hier nur wenige Meter bis zur Thaya). Auf gleichem Weg zurück bis zum Waldanfang und dort nach links, immer am Waldrand weiter (nicht markiert). Kurz bevor man die Thaya erreicht, führt ein schmaler Weg entlang der Thaya in den Wald hinein. Von diesem zweigt bald darauf ein Weg nach rechts bergauf ab, auf dem nun auch wieder verblaßte blaue Markierungen zu sehen sind. Weiter, bis man auf den rot markierten Weg von Hardegg zur Ruine Kaja stößt. Hier wendet man sich nach rechts und erreicht nach wenigen Metern die Abzweigung zum Einsiedler. Nun auf bereits bekanntem Weg zurück zum Ausgangspunkt. Insgesamt 1,5 Std., 180 Hm.

Besonderheiten in der Umgebung

- Burg Hardegg
- Ruine Kaja
- Schloß Riegersburg, geöffnet: Ostern–15. Nov.; tägl. 9–17 Uhr, Juli und Aug. bis 19 Uhr

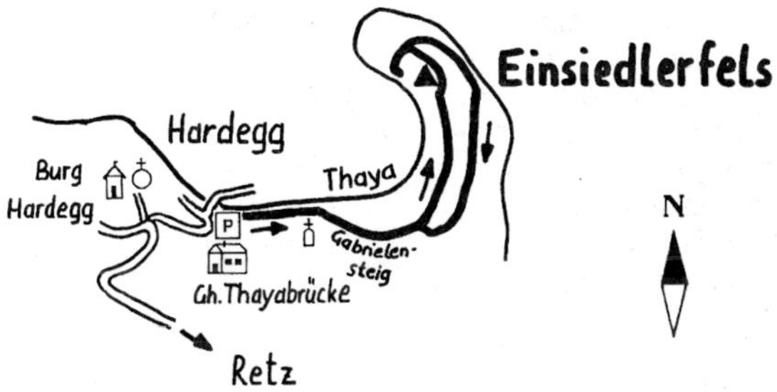

An der Staatsgrenze entlang (Tour 49)

Die Ruine Kaja (Tour 50)

50 RUINE KAJA

Gehzeit: 2,5 Std./

Wo die Raubritter wohnten

Alter: ab 7 Jahre
Ausgangspunkt: Parkplatz zur Ruine Kaja in Merkersdorf
Busverbindung: Bundesbus von Retz Bhf. nach Horn bis Haltestelle Merkersdorf
Wegverlauf: Parkplatz (400 m) – Ruine Kaja – Kajabach – Thaya (271 m) – Umlaufberg – Parkplatz
Stützpunkt: keiner
Was allen Spaß macht:
- Ruine Kaja
- Spielen am Kajabach
- Grat mit Felstürmen

Karten: Freytag & Berndt WK 073

Auf einem Felssporn über dem Thayatal thront die Burgruine Kaja. Urkundlich erwähnt wurde die Festung das erste Mal Ende des 12. Jh. In den folgenden Jahrhunderten hatte sie den Ruf einer Raubritterburg, nach dem Dreißigjährigen Krieg begann sie zu verfallen. In den 60er Jahren unseres Jahrhunderts wurde sie auf Privatinitiative eines Bundesbahnbediensteten in mühevoller Arbeit renoviert. Heute kann man die beeindruckende Burganlage mit Rittersaal und Burgkapelle wieder besichtigen. In einigen Räumen findet man noch alte Einrichtungsgegenstände und Sammelobjekte. Wir beginnen mit einem Besuch der Burg und steigen anschließend durch den dunklen, düsteren Wald des Kajareviers auf breitem Weg hinab zum Flußufer. Der Fluß umfließt hier den 378 m hohen Umlaufberg in einer großen Mäanderschlinge. Wir folgen der Flußschlinge, immer entlang dem Ufer der träge dahinfließenden Thaya. Anfang und Ende dieser Mäanderschlinge sind nur wenige Meter voneinander entfernt, dazwischen befindet sich der felsige Kamm des 300 m hohen „Übertritts". Wir überqueren diesen und gelangen wieder auf den Weg, der uns zurück zur Burgruine führt. Öffnungszeiten der Burgruine: 1. Mai bis 26. Oktober, an Samstagen, Sonn- und Feiertagen von 10 bis 17 Uhr.

Wegverlauf

Vom Parkplatz erreicht man in wenigen Minuten die Ruine Kaja. Hier zweigt nach rechts ein markierter Weg zur Thaya ab (Wegweiser nach Hardegg, Nr. 630). Der Weg führt nun bergab und anschließend den Kajabach entlang, bis dieser in die Thaya mündet. Kurz davor erreicht man eine große Wegkreuzung, bei der die rote und grüne Markierung nach links abzweigt. Der Weg führt jetzt die Thaya entlang, zum Teil über Wiesen und an Fischerhäusern vorbei, bis zum Umlaufberg. Hier zweigt nach links die grüne Markierung nach Hardegg ab (Nr. 630), während der breite Weg geradeaus weiter am Ufer entlang führt. Wir folgen dem steilen Weg hinauf zum Sattel („Umlaufrücken") und treffen hier auch wieder auf den anderen Weg. Nun nicht dem markierten Weg folgen, sondern nach links unmarkiert über den mit Gneisblöcken besetzten Grat bis zu einem ausgeprägten Weg. Dieser stößt bald darauf auf eine Forststraße. Hier geradeaus weiter bis zu den Feldern von Merkersdorf. Weiter ca. 500 m auf asphaltierter Straße, bis diese nach rechts abbiegt. Wir aber gehen geradeaus über einen Feldweg und erreichen bald darauf Merkersdorf und den Ausgangspunkt. Insgesamt 2,5 Std., 200 Hm.

Besonderheiten in der Umgebung

Schloß Karlslust

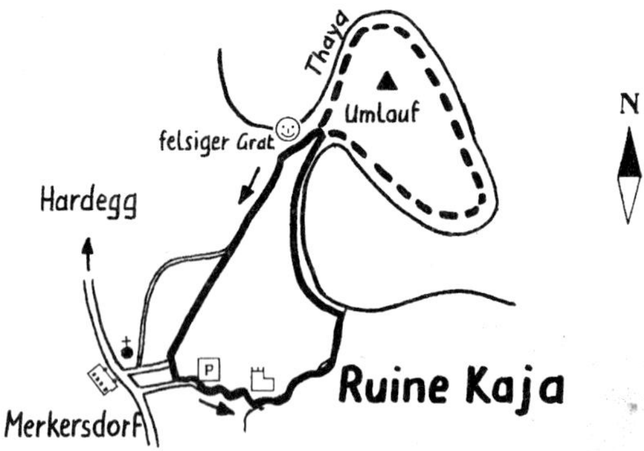